JN438720

쉼표 하나

쉼표 하나

선우혜숙 수필집

수필과비평사

| 작가의 말 |

망설였습니다.

부족한 글로 세상에 나오기가 부끄러워 주저했습니다.

하지만 용기를 내어 마음속에 담아 두었던 이야기를 시작합니다.

평범한 사람의 평범한 이야기입니다.

누구의 아내, 누구의 엄마가 아닌 내 이름을 찾고 싶었습니다.

글을 쓰면서 가슴이 뜨거워짐을 느낍니다. 그리고 또 다른 나를 만납니다.

쉼을 찾아 떠난 바다에서 출렁이는 행복을 보았습니다.

지는 해가 이토록 아름다운 줄 이제야 알았습니다.

지나온 세월만큼의 흔적이 주름살로 남았듯, 삶의 흔적을 한 권의 책으로 남기려 하니 가슴이 설렙니다.

어디로 가야 할지 몰라 길을 헤맬 때 친절하게 길 안내해 주신 두 분 선생님께 진심으로 감사드립니다. 격려와 응원 보내주신 모든 분께도 감사 인사드립니다. 본인도 모르게 글의 소재가 되어 수필 속의 조연이 되어주신 가족에게도 고맙다는 말을 전합니다.

제 이야기가 누군가에게 작으나마 희망과 위로가 되었으면 좋겠습니다.

단 한 사람에게라도 오래도록 가슴에 남는 그런 글을 쓰고 싶습니다.

글을 쓰면서 행복하게 나이 들어가고 싶습니다.

2022년 늦가을에

선우혜숙

차 례

1부
삶을 노래하다

2부

둥지 속 이야기

3부

잠시만요, 쉬었다 갈게요

4부

사는 게 다 그런 거지

1부

삶을 노래하다

횡단보도 앞에서

바쁘다. 모두 바쁘다. 모든 것이 속도전이다. 앞에서 뛰다시피 걷던 사람을 사거리 횡단보도 앞에서 만났다. 한참을 앞서 간 줄 알았는데 지금 내 옆에 서있다. 경쟁을 한 것도 아닌데 마치 내가 막판 뒤집기로 이긴 기분이다. 신호등의 빨간불이 일단 한 박자 쉬어가라며 숨 고르기를 시킨다. 앞만 보고 달리는 사람들을 합법적으로 정지시킬 수 있는 신호 체제가 있는 곳이다. 먼저 온 사람이나 늦게 온 사람이나 신호등이 초록색으로 바뀌어야만 길을 건널 수 있다. 모두가 공평하게 시작할 수 있는 출발선상에 같이 서있다.

지인을 만나거나 전화를 할 때 "요즘 바쁘지?"가 제일 먼저 하는 인사다. 이야기도 나누기 전인데 으레 바쁘려니 생각한다.

아파트 놀이터에 아이들의 웃음소리가 사라졌다. 어른보다 더 바쁜 아이들은 학교 수업이 끝나면 너나없이 학원에 들렀다가 밤이 늦어서야 집으로 돌아가니 친구들과 놀 시간이 없다. 내 아이만 뒤처지는 건 아닌지 하는 불안감에 남보다 앞서야만 마음이 놓이는 어른들의 욕심이 더해져 너무 일찍 경쟁 사회로 내모는 건 아닌지. 아이들이 뛰어놀던 왁자지껄하던 놀이터는 유모차에 아기를 태우고 나온 할머니들의 쉼터가 된 지 오래다.

횡단보도 앞에서 신호등이 바뀌기를 기다리다 무심코 한 발을 내밀었다. 옆에 있던 사람도 얼결에 따라서 발을 내밀다 혼자 씩 웃는다. 급한 일이 있는 것도 아니다. 신호등이 바뀌는 몇 초가 길게 느껴진 때문이다. 조금 일찍 출발한다고 그게 얼마나 빠를까?

드디어 신호등이 바뀌었다. 초록빛을 깜빡이며 어서 건너라고 신호를 보낸다. 9.8.7… 숫자가 친절하게 잔여시간을 일러준다. 많은 사람들이 순식간에 흩어진다. 다들 뭐가 그리 바쁜지.

하지만, 바쁘게 산다는 건 좋은 일이기도 하다. 그만큼 열심히 사는 것이기 때문이다. 다만 속도를 조절하면서 조급증을 버리고 마음의 여유를 갖는다면 삶이 훨씬 풍요로워질 것이다.

요즘, 우리나라 최초로 여우조연상을 받은 칠십 대 중반의 배우

윤여정에게 세계가 열광하고 있다. 당당하게 할 말 다하고 열정적으로 사는 모습은 언제 봐도 멋있다. 시상식장에서

“나는 최고, 경쟁, 그런 말 싫어요. 1등이고 최고가 되는 것이 좋다고들 말하는데, 모두가 다 ‘최중(最中)’이 되어 같이 동등하게 살면 안 되나요?”라고 말했다. 그녀 다운 유쾌하고 감동적인 수상 소감이다.

그런데 며칠 전, 다섯 살배기 손자에게서 비슷한 말을 들었다. 뭐든 저 하고 싶은 대로만 하던 떼쟁이가 요즘 제법 말도 잘 듣고 한글도 깨우쳐가는 게 기특해서 칭찬해 줄 요량으로 “우리 손자 똑똑하네, 네가 1등이다.”라고 했더니 “할머니, 1등이 중요한 게 아니야.”라고 한다. 그럼 뭐가 중요하냐고 물었더니 “돌아다니지 않고 자리에 앉아서 질서를 지키는 게 1등보다 중요한 거야.”라고 또박또박 대답한다. 어린 손자는 유치원에서 제 나이에 맞는 맞춤형 교육을 제대로 받고 있었다.

“네 말이 맞다, 네가 할머니보다 낫다.” 하고 한바탕 웃었지만 한 방 얻어맞은 기분이다. 은연중에 1등을 바라고, 최고가 되어야만 경쟁 사회에서 살아남을 수 있다고 생각했던 건 아닌지. 생각과 말이 다른 나에게 일침을 가하며 아이는 훌쩍 커 있었다.

모두들 바쁘다는 말을 입에 달고 산다. 바쁘게 돌아가는 세상이

라도 한 번쯤은 느릿느릿 걸어보자. 매번 지나가던 길도 다르게 보일 것이다. 땅을 기어가는 개미도 보고, 걸음에 맞춰 따라오는 구름도 한번 쳐다보고, 돌 틈을 비집고 나온 들꽃도 감상하면서 천천히 걸어보자. 바쁜 일상에 잠깐 찍는 쉼표라도 괜찮다. 경쟁에서 벗어나 한 박자 쉬어갈 때 선물 같은 휴식이 온다. 아무리 바빠도 오늘은 가고 내일이 올 것이다. 사람들은 만나면 여전히 바쁘냐고 묻고, 헤어질 땐 다음에 만나 밥 한번 먹자고 한다. 그 말이 그저 하는 인사치레가 아닌, 바쁘더라도 따뜻한 밥 한 끼 나눌 수 있는 약속이었으면 좋겠다.

횡단보도 앞에 다시 사람들이 모인다. 길 건너편에도 신호등이 같은 색으로 바뀌기를 기다리는 사람들이 서있다. 횡단보도의 점멸신호처럼 삶에도 남아 있는 시간을 알려주는 게 있다면 좋겠다. 횡단보도 앞에서 긴 호흡을 한다.

우째 이런 일이

남의 일인 줄 알았다. 코로나로 인해 많은 것을 포기해야 했고, 늘어나는 제약 때문에 생활이 엉망이 되었지만 곧 나아지리라는 희망이 있었기에 인내할 수 있었다. 머지않아 예전의 일상으로 돌아갈 거라 생각했다. 그런데 잠시 주춤하던 코로나가 오미크론 변이 대유행으로 다시 확산되고 있다. 전파력이 강해 무서운 기세로 확진자가 폭증하고 있어 병원에서도 감당할 수 없는 상황에 이르렀다. 정부에서는 위중증 환자를 제외하곤 재택 치료를 하도록 방침을 변경했다. 하루에 신규 확진자가 17만 명대로 치솟던 어느 날, 유치원에 다니는 손자가 열이 나서 병원에 갔다. 신속 항원 검사를 했는데 다행히 음성이었다. 얼마 지나지 않아 며느리가 기침을 하고 아들도 감기 증세가 나타났다. 불안한 마음에 자가 진단키트로 코로나 검사를 했다고 한다. 한밤중에 카톡 메시지가 왔다. 세 명 모두 양성반응이 나와서 내일 병원에 가서 PCR 검사를 할 테니 우리도 검사를 받으라고 한다. 요즘 손자가 방학을 해서 직장에 다니는 아들 내외를 대신해 며칠째 남편과 아들네를 오가며 아이를 돌보고 있었다.

검사를 하고 조마조마한 마음으로 결과를 기다렸다. 다음날 보건소에서 코로나 확진 통보 문자를 받았다. 곧이어 며느리에게서도 가족 모두 확진이라는 연락이 왔다. 온 가족이 코로나 환자가 된 것이다. 생각지도 못한 일이었다. 어디서부터, 누구에게서 시작된 일인지 알 수도 없었다. 나름 규칙을 지키며 조심한다고 했는데 일이 난 것이다. 우째 이런 일이….

일찌감치 3차까지 백신도 맞았고 좋아하는 여행도 참아가며 되도록 외출도 자제했건만 전 국민을 위협하는 전파력 강한 역병은 끝내 피하지 못했다. 창살 없는 감옥생활이 시작되었다. 집 밖에도 나갈 수 없고 생필품을 보급해 줄 사람조차 없는 상황에서 재택 격리치료를 하며 일주일을 버텨야 하는 처지가 되었다.

으슬으슬 몸살 기운이 찾아왔다. 여기저기 증세가 나타났다. 비대면 진료로 약을 처방받았지만 약국에서 약 한 봉지 가져다줄 사람이 없었다. 가족 모두 확진이 되고 보니 가까이 살아도 소용이 없었다. 각자 집에서 문자로 안부를 물으며 서로를 걱정하는 수밖에 없었다. 퀵 배달 서비스를 받으려고 여러 군데 전화를 했지만 연결마저 쉽지 않아 애를 태우다가 지인의 도움을 받기로 했다. 현관문 손잡이에 걸어놓고 간 약봉지에서 진심 어린 걱정과 위로를 담은 따뜻한 마음이 전해졌다.

갑자기 당한 일이라 아무 준비도 없었다. 지구 반대편에서는 전쟁으로 생필품이 귀해 난리라는데 우리 집도 때아닌 전쟁통이다. 냉장고에 뭐가 남아있나 음식 재료를 확인하던 중 비닐봉지에 담겨 냉동실 구석에 숨어있던 뭉치들이 발등으로 툭 떨어졌다. 꽁꽁 언 고기들이 이때를 위해 아껴둔 것인 양 반갑다. 하지만 감춰둔 욕심 덩이를 들킨 것 같아 부끄럽기도 하다. 평소에 쌓아놓고 먹지 않은 수납장 속의 컵라면과 통조림 개수까지 세어가며 만반의 준비를 마쳤다. 풍족할 땐 몰랐는데 하나하나가 다 소중하다.

문득 작년 겨울 서울 관악구에서 처음 선보인 '그린 냉장고'가 떠올랐다. 사람들이 다니는 도로에 초록색 부스의 냉장고가 설치되었다고 한다. 먹으려고 샀지만 다 먹지 못하고 남는 음식이 누군가에게는 유용하게 쓰일 수 있다. 음식이 남을 것 같으면 언제든지 자유롭게 넣을 수 있고, 필요한 사람은 누구든 가져갈 수 있는 공유 냉장고가 생긴 것이다. 자칫 남아서 버려질 수 있는 음식이 이웃에게 요긴하게 쓰이고 음식물 폐기를 줄여 환경보호에 기여하자는 취지라고 한다. 나누며 사는 세상은 아름답다.

꽉 차 있어 숨쉬기조차 버거운 우리 집 냉장고가 새삼 부끄러워졌다. 마음도, 물건도 비우는 연습을 해야겠다.

익숙함 속에서 고마움을 모른 채 당연한 듯 살았다. 생활에 제약을 받고 보니 평범한 일상이 더없이 소중하다. 어쨌거나 일주일을 견뎌내야 한다.

남편도 같이 확진이 되어서 서로 간에 감염 걱정은 덜었지만 그래도 당분간은 조심하기로 했다. 함께 음식을 먹거나 말하는 것도 줄이고 웬만하면 거리 두기를 하자고 했다. 평소에도 별 대화가 없는 부부니까 아무 불편이 없을 거라고 농담처럼 말했지만 '격리 속 격리'는 심리적 거리감으로 이어졌다. 단 며칠도 이렇게 힘든데 홀로 사는 독거노인이나 돌봄이 필요한 사람들은 코로나로 인해 2년이 넘는 긴 시간을 얼마나 힘들게 보냈을까. 경로당이나 복지 회관에서 이웃들과 어울려 지내시던 어른들은 갈 곳이 없어지니 즐거운 일도 없고 우울증까지 생겼다며 답답해하신다. 세상은 함께 더불어 살아가야 의미가 있다.

바쁘다는 핑계로 손자와 대화가 부족했다는 아들은 하루 종일 같이 지내다 보니 아이의 관심사나 친구 이름도 알게 되어 부자간의 관계가 돈독해지는 계기가 되었다며 얻은 것도 많은 시간이었다고 한다.

설마 나는 아니겠지 하고 생각한 일이 누구나 겪을 수 있는 일이었다. 지인들과 통화할 때마다 "코로나 잘 피하고 곧 만납시다." 하고 인사했는데 내가 피하지 못할 줄이야.

오미크론 변이의 위험성을 가벼운 독감 증세 정도로 생각하고 대수롭지 않게 여기는 사람이 많은데 증상도 제각기 다르고 경중의 차이도 심하다. 위중증 환자와 사망자가 폭증하고 있는데도 '한 번씩은 다 걸려야 끝날 거'라며 장기간 지속된 코로나로 인해 경각심마저 해이해지고 있다. 나를 지키는 것이 내 가족을 지키고 이웃을 지키는 일이다. 일일 확진자가 62만 명대로 정점을 찍더니 점차 줄어들고 있다. 하지만 끝날 듯 끝나지 않는 긴 줄다리기를 이어가고 있다. 조금만 더 함께 힘을 내자.

'나에게 우째 이런 일이?'하고 속상해했지만 그래도 가족 모두 힘들지 않게 이겨낸 것에 감사하다.

'꼭꼭 숨어라 머리카락 보일라' 답답함 속에 일주일을 집안에서 꼭꼭 숨어 살았다. 재택 격리가 해제되던 날 밤 12시 정각, 아들에게서 문자가 왔다.

"고생하셨어요, 건강하세요."

나도 기분 좋게 답장을 보냈다.

"그래, 모두 고생했다. 우리 건강하자."

드디어 함께 사는 세상과의 만남을 허락받았다. 이제 자유다!

하늘은 푸르고 햇살은 눈부시다. 봄이 오고 있다

오늘도 꽝이다

돼지 한 마리가 내게로 왔다. 아들이 직장에서 근속 10주년으로 받았다며 조그마한 순금돼지를 내밀었다. 사회에 첫발을 내딛고 시행착오를 겪으며 하루에도 몇 번씩 마음속으로 사표를 썼다 지우기를 반복하며 보낸 세월의 보상이다. 그것을 알기에 대견하기도 하고 마음이 짠했다. 그런데 그걸 기꺼이 나에게 주겠단다. 반짝반짝 빛나는 돼지를 보자 평소에 관심도 없던 로또가 사고 싶어졌다. 마침 가족과 아산 삽교천에 가기로 했는데, 가는 길에 1등 당첨이 자주 나오는 유명한 로또 판매점이 있다. 혹시 내 행운이 거기에?

길이 밀린다. 로또명당이라고 소문난 곳이라 주차하려는 많은 차량들로 인해 토요일은 항상 교통이 정체된다. 차는 가다 서다를 반복하며 겨우 도착했다. 로또점 밖까지 길게 줄이 늘어서 있다. 하지만 기다리는 사람들 표정엔 지루함이라곤 찾아볼 수 없다. 유명한 맛집 앞에서 한 시간을 기다리는 건 그렇게 투덜대면서 여기서는 행여 순서가 바뀌어 내 행운이 다른 사람에게로 갈까 봐서인지 불평하나 없이 묵묵히 앞줄을 따라간다. 나도 기꺼이 긴 줄에 합류했다. 줄이 좀 길면 어떠랴. 로또에 당첨만 된다면 이깟 줄 서기가 무슨 대수인가. 나는 당첨 운과는 거리가 멀다고 생각해 로또를 산 적이 별로 없다. 주말에 아들이 집에 오면서 가끔 로또 한두 장을 선물이라며 줄 때가 있는데, 혹시나 하고 맞춰보면 역시나 대박 운은 내 것이 아니었다. 그런데 이번만큼은 꼭 사보고 싶다. 아들의 효심과 황금돼지가 행운으로 느껴져 기쁜 일이 있을 것만 같다. 나는 빳빳한 지폐에 좋은 기운을 듬뿍 담아 가족들에게도 선심을 썼다. 같이 팔자 한번 고쳐보자며.

가게 곳곳에 인생역전, 인생 대박이라고 붙어 있는 걸 보니 당첨만 되면 인생이 바뀌는 게 맞나 보다. 로또용지를 받는 순간까지 경건한 마음으로 기다리는 사람, 자기만의 과학적인 분석을 총동원해 번호를 고르는 사람, 모두 신중하고 간절하다. 우리도 손바닥보다 작은 로또용지에 각자의 꿈과 희망을 걸었다.

"1등만 되면 직장 그만두고 몰디브에 가서 일단 한 달 동안 푹 쉬고 무얼 할까 생각해야지."

"나는 집 한 채 사고, 어려운 사람 후원하고 살 거야."

"1등만 되면 당신은 2억, 아들은 1억, 며느리도 1억, 내가 쏜다."

모두 당첨이라도 된 듯 마음이 넓어지고 배포도 커진다.

전에는 몇 십억 당첨자가 나왔다고 해도 '그 사람 운 좋네.'하는 정도였다. 나와는 상관없는 일이라고 생각해 부럽지도 않았다. 그런데 나이가 들어가니 아픈 데는 자꾸 생기고 치과에 가서 임플란트 몇 개만 해도 돈 새는 소리가 펑펑 들리니 로또 당첨의 대박을 기대하게 되나 보다.

얼마 전, 지인 돌잔치에 간 적이 있다. 진행자의 추첨으로 축하객에게 선물을 주는데 로또복권이 단연 인기였다. 모두의 시선을 한 몸에 받으며 꼴찌로 번호가 당첨되어 복권 한 장을 손에 쥐었다. 기대하지도 않았던 로또 한 장은 일등 그릇세트도 부럽지 않았다. 마치 횡재라도 한 듯 기분이 들떴다. 그날 저녁, 한 장의 종이는 꾸깃꾸깃 휴지통 속으로 들어갔지만 설렘과 기대 속에 하루가 행복했다. 사람들이 로또에 열광하는 이유를 알 것 같다.

사람들은 농담으로 "돈벼락이나 맞았으면 좋겠다."라고 말한다. 돈벼락이면 뭐 하나, 벼락 맞으면 인생 진짜 끝인데.

돈이 무슨 소용 있냐고 하는 사람이 있다. 건강이 우선이고 가정의 화목이 중요하다는 그 사람에게 어떤 이는 돈이 있어야 검진도 받고, 질병을 발견해야 치료도 하고 건강하게 행복한 삶을 살 수 있다고 한다.

나는 가진 것이 없으니 누가 집을 샀다, 땅을 샀다, 재테크를 해서 얼마를 벌었다고 해도 별 관심이 없다. 크게 욕심이 없으니 그저 먹고 싶은 것 먹고, 가고 싶은 데나 다니면서, 아플 때 자식에게 손 벌리지 않고 병원 다닐 수 있을 정도의 돈만 있으면 된다는 내 말에 지인은 그게 본인의 소원이라며 더 이상 뭐가 필요하냐고 한다. 생각해 보니 나는 그동안 욕심인 줄도 모르고 욕심을 부렸던 거다. 로또를 사고 보니 내 안에 꽁꽁 숨어있던 욕심들이 슬금슬금 기어 나와 나를 일깨워준다.

아들의 따뜻한 마음과 돼지의 운을 담아 샀던 로또복권 덕에 상상이지만 넉넉한 부자도 되어보고, 나눔을 실천하는 착한 이웃도 되어 잠시나마 즐거움을 만끽했다. 로또 1등보다 몸과 마음의 건강이 우선이라고 생각하며 위안을 삼는다. 돈 벌어 병원 다닐 생각 말고 건강을 지키는 것이 일확천금을 얻은 것보다 더 큰 복이 아닐까. 더 이상 욕심내지 않는다면 지금 이대로도 충분히 행복하다. 그래도 꿈에서 돼지를 열 마리쯤 보게 된다면 다시 한번 도전은 해보고 싶다. 내가 산 로또복권은 오늘도 꽝이다.

1번 출구

"정아, 어디 있어?"

"서점 앞이야. 너는?"

가슴이 콩콩 뛰기 시작한다. 강산이 두 번 변하고도 다섯 해가 흘렀다.

친구와의 만남은 숨바꼭질로 시작되었다.

정아가 살고 있는 광명과 내가 사는 천안의 중간 지점인 수원역 1번 출구에서 만나기로 했다. 평소 지하철을 이용할 기회는 별로 없지만, 예전에 복잡한 서울에서도 별 어려움 없이 다녔던 터라 쉽게 만나려니 하고 잡은 약속 장소였다. 그런데 수원역 1번 출구를 찾지 못해 지하철 역사에서 서로를 찾아 삼십 분을 헤매리라고는 생각지도 못했다. 오랜 세월이 지난 친구의 모습을 알아볼 수 있으려나 하는 걱정이 슬그머니 들 무렵, 낯익은 얼굴이 저만치서 보였다. 우리는 서로를 꼭 끌어안았다.

정아는 큰 오빠네 집에서 학교에 다녔다. 역 앞에서 약국을 하던 오빠 내외를 대신해 조카를 돌보고 공부를 봐주며 학교와 집만 오갔던 친구였다. 집으로 가는 길목에 정아 오빠네 집이 있어 나는 자주 하굣길에 들러 어둑어둑해질 때까지 놀다가 집으로 돌아가곤 했다.

자그마한 체구에 살림도 잘하고 야무졌던 팔 남매 막내딸인 정아는 종갓집 맏며느리가 되었다. 매사에 긍정적인 정아는 시할머니와 시부모를 모시고 살면서도 불평하는 적이 없었다. 종갓집 살림이 힘들지 않으냐고 물으면 어른들이 계셔서 오히려 든든하다고 했다. 어쩌다 친정에 와도 전화로 수다만 떨다가 만나지도 못하고 바삐 가는 날이 많았고, 아이 낳아 키우느라 각자 살기 바빠 한동안 연락도 뜸했다. 그렇게 지내다가 전화번호가 적힌 수첩이 없어진 걸 알게 되었다.

'가까이에 오빠가 살고 있으니 언제라도 알아보면 되겠지'하는 마음에 그리 신경 쓰지 않았다. 그런데 약국을 찾아가 보니 그 자리에 다른 가게가 들어와 있지 않은가. 어떻게 해야 할지 아무 생각이 나지 않았다. 그동안 우리도 이사를 했고 전화번호도 바뀐 뒤여서 서로 연락처도 모른 채 오랜 세월이 흘렀다.

나이가 들수록 문득문득 정아가 더 보고 싶어졌다. 단발머리 시절의 추억이 생각날 때면 어김없이 정아가 떠올랐다. 혹시 소식을 알 수 있을까 수소문해 봤지만 아무도 아는 사람이 없었다. 그날도 정아 생각이 나서 졸업 앨범을 뒤적이다가 맨 뒤에 있는 주소록이 눈에 들어왔다. 글씨가 너무 작아 돋보기를 써도 잘 보이지 않았다. 깨알 같은 글씨를 탓하며 남편에게 주소가 어디로 되어 있는지 봐달라고 했더니 '성거'라고 한다. 하지만 세월이 많이 흐른 지금, 정아가 막내였으니 부모님은 이미 돌아가셨을 테고 알아볼 길이 막막했다. 포기하고 있는데, 며칠 후 출근한 남편에게서 전화가 왔다.

"당신 친구 찾았어."

"어떻게?"

"내가 누구야."

힘이 잔뜩 들어간 목소리엔 기쁨과 으스댐이 묻어 있었다. 남편 직장에 성거에서 다니는 직원이 있어서 정아의 주소, 나이, 다녔던 학교를 알려주고 혹시 아는 사람이 있는지 알아봐 달라고 하였단다. 그 사람은 성거농협에 다니는 지인에게 찾을 수 있는지 부탁을 했고, 마침 농협에 볼일이 있어서 온 정아의 둘째 올케를 만나게 되었다고 한다. 드라마에서나 나올 법한 사연으로 친구를 찾게 될 줄이야….

남편에게 앨범에서 슬쩍 한번 본 친구 이름을 어떻게 기억하느냐고 물었더니 찾아보려고 휴대폰에 메모하여 두었단다. 생각지도 못한 마음 씀씀이에 고마움이 컸다.

마침내 전화가 연결되었다. 정아는 몸이 아픈 남편을 위해 삼 년간 공기 좋은 시골에 내려가 살다 왔다고 했다. 궁금한 것도, 할 말도 너무 많았다. 전화 통화 후 얼마 지나지 않아 우리는 만났다. 추억을 공유하는 친구와는 이야기보따리가 클 수밖에 없다. 운동회 때 분장하고 남방 춤춘 얘기, 소풍 가방 사려고 시장 갔다가 먹은 쪽문 집 만두, 한껏 멋을 내고 사진관에서 둘이 사진 찍던 날…. 이야기는 끝없이 이어졌다. 어제 일도 깜빡깜빡하면서 옛날이야기는 어떻게 그렇게 새록새록 기억이 나는지.

두고두고 꺼내볼 수 있는 추억이 있다는 건 행복한 일이다. 1번 출구를 찾아 헤매던 이야기도 우리의 추억 보따리에 담았다.

지금은 분가하여 둘이 살지만, 정아는 일주일에 한 번은 꼭 시부모님께 전화를 드린다고 한다. 제사 준비를 해야 한다는 친구에게 나는 물었다.

"힘들지 않니?"

"내 일인데 뭐."

정아는 지금의 생활에 감사하다고 했다. 남편과 매일 집 근처 산에 다닐 수 있는 것도 고맙고, 팔순이 넘은 시부모님이 건강하셔서 다행이고, 아들 둘이 결혼해서 손주 재롱까지 보게 되었으니 더 바랄 것이 없단다.

'그래, 넌 행복을 누릴 자격이 있는 친구야. 오랜 시간이 지났어도 변하지 않은 네가 좋다. 그런 네가 내 친구여서 참 좋다.'

내게도 그 행복의 훈기가 전해져 와 가슴이 따뜻해졌다.

정아의 1번 출구엔 행복이 있었다.

우리에겐 자기만의 1번 출구가 있다. 지상으로 향하는 계단 아래를 1번 출구로 생각하는 이가 있는가 하면, 지하도 밖 노란색 표지판 앞을 1번 출구로 생각하는 사람도 있다. 하지만 1번 출구는 하나다. 사람들은 같은 곳을 보면서 서로 다른 생각을 한다. 친구와의 출구 찾기는 우리네 인생길 같다. 때론 헤매기도 하고 시행착오를 겪으면서 어려움을 이겨내는 지혜를 배운다. 1번 출구는 스스로 만들어 가며 가야 하는 자기만의 길이다. 그 길은 마음먹기에 따라 꽃길이 될 수도 있고 가시밭길이 될 수도 있다. 나의 1번 출구는 나비가 날아다니는 꽃길로 가꾸어 친구와 행복한 마음으로 걷고 싶다. 아쉬움을 뒤로하고 다시 만날 약속을 했다.

"정아야, 다음 약속 장소도 1번 출구다."

밥

요즘 TV에선 세 명의 남자가 강원도 정선에서 직접 키운 농작물로 음식을 만들어 삼시 세끼를 해결하는 이야기가 인기다. 게스트를 초대하여 좌충우돌하면서 함께 어설프게 밥상을 차리는 모습은 우리에게 즐거움을 준다. 맷돌에 콩을 갈아 콩국수를 만들고, 화덕에 빵을 굽고 장작불을 지펴 밥을 짓는다.

전화 한 통이면 먹고 싶은 것이 바로 배달되고, 맛집 찾아 먼 거리도 마다치 않고 어디든 가는 시대에 도시에선 쉽게 해결할 수 있는 한 끼를 위해 고군분투하는 모습은 보는 이를 웃음 짓게 한다. 청정한 텃밭 채소로 만든 자연을 품은 밥상은 마음을 편안하게 하고 위안을 준다.

시대가 변해도 하루 세끼 밥은 먹어야 산다. 한 끼를 먹고 나면 다음 끼니를 걱정하는 주부에게는 세끼 밥상을 차리는 건 매일 반복되는 일이지만 벗어나고 싶은 일이다. 어쩌다 남편이 밖에서 저녁이라도 먹고 온다고 하면 큰일 하나를 해결한 듯 좋아한다. 그렇다고 때마다 진수성찬을 차리는 것도 아니다. 하지만 한 끼 밥상에서의 해방은 어떤 자유보다 달콤하다. 오죽하면 '여자에게 제일 맛있는 밥은 남이 해주는 밥'이라는 우스갯소리까지 있을까! 하루도 거를 수 없는 게 밥을 먹는 일이다.

어떤 이는 밥을 먹기 위해 산다고 하고, 어떤 이는 살기 위해 밥을 먹는다고 한다. 나는 후자를 경험했다. 몸이 아파 밥 한 숟가락을 넘기지 못해 입원과 퇴원을 반복한 적이 있다. 아무것도 할 수 없었고 움직이기조차 힘들었다. 밥을 먹으며 서서히 기력을 회복했고 밥을 먹을 수 있다는 게 얼마나 큰 복인지 알게 되었다. 밥의 소중함을 절실히 느꼈다. 밥심으로 산다는 말을 그때 알았다. 아무리 먹어도 질리지 않는 게 밥이다. 우리는 밥을 먹고 힘을 얻어 하루를 살아간다.

길에서 아는 사람을 만나면 "식사하셨어요?" 하고 인사한다. 반가운 친구와의 전화 통화에서는 으레 "우리, 밥 한번 먹자!"라는 말을 주고받는다. 밥을 함께 먹으면 상대방에 대한 긍정적인 감정이 생기고 호감이 늘어난다고 한다. 이런 현상을 '오찬 효과'라고 하는데, 함께 밥을 먹으며 세상 사는 이야기나 가정사를 하나, 둘 풀어놓다 보면 어느새 한 뼘은 가까워져 있다. 좋은 사람과의 한 끼 식사는 삶을 풍요롭고 행복하게 해준다. 나도 누군가에게 밥 한 번 같이 먹고 싶은 사람이 되고 싶다.

시어머니 살아 계실 때 명절날 시골 큰집에 가면 시도 때도 없이 밥상을 차려야 했다. 나이 드신 어른이 계시니 인사하러 오는 손님이 많았다. 어머니는 식사 때가 아니어도 밥 먹었는지부터 물었고, 그때까지 밥을 못 먹었다고 하면 큰일이나 난 듯 안쓰러워하며 밥상을 차리게 하셨다. 어려웠던 보릿고개를 겪으신 기억 때문인지 늘 배고플까 마음을 쓰셨다. 돌이켜보면 그때 따뜻한 밥 한 공기는 허기진 배만을 채운 건 아니었던 것 같다. 밥은 정이고 인심이었다.

오래전, 아들을 군대 보내고 밥은 제대로 먹고 지내는지 노심초사하던 때가 있었다. 엄마의 손맛이 담긴 밥이 그립다는 아들 편지에 울컥했던 기억이 난다. 객지에서 피곤하고 지치면 집이 생각나고 엄마의 밥상이 떠오르는 것은 세트메뉴처럼 딸려오는 어머니에 대한 특별한 기억 때문일 것이다. 밥에는 부모 자식 간의 애틋한 그리움과 사랑이 담겨있다.

어린 시절 아랫목 이불 속엔 아버지의 밥그릇이 있었다. 가장이라는 무거운 짐을 지고 온종일 힘드셨을 아버지를 위해 어머니는 정성으로 지은 밥을 맨 먼저 푸셨다. 장판이 까맣게 탄 안방 아랫목에서 식을세라 이불을 덮고 있던 아버지의 밥엔 가족들의 기다림과 존경이 들어 있었다.

오늘 저녁엔 뚝배기에 애호박 숭덩숭덩 썰어 넣고 된장찌개를 바글바글 끓여야겠다. 상추랑 풋고추 푸짐하게 담아놓고 호박잎도 쪄야겠다. 서리태콩 넣어 갓 지은 밥으로 남편을 위한 밥상을 차려야겠다.

4의 역습

바야흐로 4의 시대다. 숫자 4가 삶 속으로 들어왔다. 어느 날 예고도 없이 불쑥 찾아온 코로나19라는 불청객은 우리의 일상을 엉망으로 만들었다. 하던 일은 멈춰야 했고, 할 수 있는 일이 줄어들었다. 잠시 들렀다 갈 줄 알았던 달갑잖은 손님은 주위의 따가운 눈총에도 아랑곳없이 도무지 떠날 생각을 않는다. 불편함이 늘어나자 원망도 커졌다. 외출 시 마스크 착용은 필수고, 가족 간의 만남은 차단되었다. 우리 지역은 정부의 사회적 거리 두기 3단계 시행으로 밥 먹고 차 마실 수 있는 인원이 4인까지로 제한되었다. 연일 확진자가 늘어나자 거리 두기 지침은 연장에 연장을 거듭하고 있다. 숫자를 세어가며 사람을 만나게 될 줄 상상도 못했다. 살다 보면 생각지도 못한 일이 얼마든지 생긴다. 삶이 어디 계획표대로 살아지던가. 당장 내일 일도 예측할 수 없는 게 우리네 인생이다.

나는 4라는 숫자에 선입견이 있었다. 딱히 나쁜 기억이 있는 것도 아닌데, 불길한 숫자라고 여겼다. 재미로 하는 뽑기에서도 7이 나오면 운이 좋다고 기뻐했고, 4를 뽑으면 일진이 사납다고 속상해했다. 무심코 시계를 봤다가 4시 44분이라는 시간이 마음에 걸려 안 좋은 일이 생길까 노심초사한 적도 있다.

사람들은 숫자 4를 기피하는 경향이 있다. 자동차 번호판에 4가 들어가는 것을 꺼려 하고, 아파트나 병원의 엘리베이터 버튼에 4 대신 F로 표시된 곳이 있는 것도 그런 이유다.

중국인들도 숫자 4를 무척 싫어한다는데, 4의 발음이 죽음을 뜻하는 사(死)와 발음이 비슷해서라고 한다. 우리가 이 숫자를 꺼려 하는 것은 아마도 중국에서 한자를 들여와 쓰기 시작하면서 영향을 받은 게 아닐까? 그런데 산책을 하다가 네잎클로버를 발견하면 행운이라고 좋아하니 이건 또 무슨 모순인지.

'4인으로 제한, 4인까지 입장 가능'

요즘 주변에서 쉽게 볼 수 있는 문구다. 생활에서도 자주 접하나 보니 거부감은 사라지고 친밀감마저 든다.

4가 환영받는 시대다. 내가 사는 이곳은 거리 두기 단계별 조치에 따라 사적 모임 인원 제한으로 식당도, 찻집도, 네 명까지는 무사통과다. 한때 주눅 들고 남의 눈치 보던 숫자 4는 이제 남 앞에서 당당하다. 이유도 없이 외면당하던 4의 통쾌한 역습이다.

문득, 예전에 TV에서 인터뷰하던 학생이 생각났다. 밖에서 거의 혼자 밥을 먹는데, 왕따처럼 보일까 봐 남의 눈의 눈을 피해 부랴부랴 먹는다는 말에 마음이 짠했던 적이 있다. 하지만 지금은 혼밥을 선호하는 추세다. 식당에도 1인 칸막이 좌석이 등장했다. 서로 간의 접촉을 최소화하는 비대면 시대에 식사문화도 변하고 있다. 마음고생했을 학생도 이제 당당하게 혼자 밥을 먹을 수 있을 것이다.

이렇듯 시대는 점점 변하고 예전에 소외받던 것들이 재조명되기도 한다. 요즘은 역주행이 유행이다. 오래전에 발매된 가요인데 그 당시에는 호응을 얻지 못하다가 세월이 많이 지난 최근에야 폭발적인 사랑을 받고 있는 노래가 있다. 역주행 걸그룹인 브레이브 걸스의 인기가 요즘 하늘을 찌를듯하다. 버티면 승리한다는 우스갯소리까지 나올 정도다. 지금 당장 힘들고 어렵다고 실망하거나 포기할 필요는 없다. 언제 상황이 뒤바뀔지 아무도 모른다. 반전의 즐거움이 있어 세상은 살아볼 만하다. 4도 이런 날이 올 줄 알았을까?

원치 않은 코로나19의 출현은 나에게 많은 것을 일깨워주었다. 일상의 소중함을 알게 했고 작은 것에도 감사하는 마음이 생겼다.

때로는 떨어져 있어야 선명히 보이는 것이 있다. 한 발짝 물러서서 바라보니 무심코 지나쳤던 주위의 소중한 것들이 이제야 눈에 들어온다.

코로나와의 기나긴 사투에 모두 지쳐가고 있다. 매출 감소로 인해 폐업의 기로에 선 자영업자, 감당이 안 되는 과중한 업무로 힘겨워하는 감염 병동의 간호사, 민족 최대의 명절임에도 부모님 뵙기를 미뤄야 하는 우리 이웃들까지 너나없이 힘든 요즘이다. 그래도 긍정의 마음으로 여유를 갖고 지내다 보면 모든 것이 제자리를 찾을 것이다. 훗날, 마스크로 얼굴의 반이 가려져 눈만 빼꼼히 나온 사진을 보며 웃으며 이야기하는 날이 올 것이다.

곧 추석이다. 추석 가족모임은 백신 접종 완료자 네 명을 포함하여 여덟 명까지 허용된다고 한다. 4의 유쾌한 역습처럼 8의 시대를 기대하고, 더 나아가 모든 숫자가 사랑받는 정상적인 일상을 기다려본다.

길가에 명절 고향 방문을 자제해 달라는 현수막이 걸렸다. 함께 모여 송편 빚고 전 부치며 정을 나누던 왁자지껄한 명절이 그립다. 숫자에 신경 쓰지 않던 일상으로 돌아가고 싶다. 이제 코로나19와 일상생활이 공존하는 '위드 코로나'시대를 예고하고 있다. 그 속에서도 4의 역습과 같은 또 다른 통쾌한 역습이 나오기를 기대한다.

추억 한 스푼

비가 내린다. 빗줄기가 유리창에 빗금을 긋고 있다.

가만히 일어나 주전자에 물을 붓고 스위치를 누른다. 보글보글 물 끓는 소리가 빗소리와 함께 오늘따라 정겹다. 커피향이 거실 가득 퍼지며 가슴속까지 스며든다. 커피를 마시다 아스라이 떠오르는 조그만 찻집에 생각이 머문다. 결혼 전 남편과 즐겨 찾던 우체국 옆 '역마차 다방'이다.

네모난 뮤직박스 안에는 멋진 말솜씨로 사연과 함께 음악을 들려주던 DJ가 있었다. 메모지에 신청곡을 청하고 마냥 바라만 보고 있어도 좋았던 때였다. 카운터엔 고운 한복을 차려입은 마담이 늘 그 자리에 앉아 있었다. 탁자 위에 놓여있는 재떨이에 동전을 넣고 손잡이를 돌리면 또로록 말린 종이가 톡 떨어졌다. 오늘의 운세였다. 기대를 품고 펼쳐보던 재미가 있었다. 식어버린 엽차를 옆에 놓고 성냥개비를 쌓았다가 허물기를 반복하다 보면 시간 가는 줄도 몰랐다. 십 분만, 십 분만 하다가 집에 가는 막차를 놓쳐버린 그이는 번번이 합승 택시를 타야만 했다. 통행금지가 있던 시절이었다. 그때는 데이트 장소가 다방 아니면 달리 갈만한 데도 없었다. 열린 문화공간이 흔치 않던 시절, 다방은 젊은이들의 만남의 장소였고 쉼터였다.

좋아하는 사람과의 커피 한 잔, 그럴싸한 실내장식 하나 없는 옛날식 다방이지만 낭만이 있고 사랑이 넘쳤다. 요즘은 관광지를 통째로 옮겨 놓은 듯한 화려한 외관과 인테리어에 세심하게 신경 쓴 소품들로 가득한 독특한 카페가 우후죽순 생겨나고 있다. 야자수가 심어진 도심 속 카페에서 커피 한 잔을 주문하면 지중해 휴양지로 데려다주고, 때로는 알프스의 목소 산장으로 초대받는 행운도 누린다. 어디가 더 세련된 분위기며 어디가 더 신선한 원두로 커피를 내렸는지가 중요한 지금, 그때의 정겹고도 달콤한 분위기는 느낄 수 없다.

세상은 변하고 변한 것은 사라진다. 그리고 사라짐은 추억으로 남는다.

그 많던 음악다방은 사라지고 이제는 영어로 가득한 커피 전문점이 그 자리를 대신한다. 카페라테, 마키아토, 에스프레소… 이름 또한 복잡하고 어렵다. 값싼 점심을 먹어도 비싼 커피는 마셔야 하는 요즘 사람들은 맛과 멋, 분위기 하나도 포기할 수 없다고 한다. 커피값이 비싸다며 자판기 커피를 선호하던 알뜰 아줌마들도 이젠 카페에서 차 한 잔 마시는 호사를 기꺼이 즐긴다. 테이크아웃 커피를 손에 들고 길을 걷는 풍경은 이제 낯설지 않다. 젊은이들이 즐겨 찾는 거리에는 유독 카페가 많다. 역세권이 인기라 역 주변 아파트가 비싸다는데, 요즘은 스세권이 인기란다. 스타벅스가 근처에 들어오면 주변 상권도 덩달아 살아난다니 재미있는 세상이다.

며칠 전, 엄마 취향의 카페가 있다며 아들이 차 한 잔 마시자고 해서 따라나섰다. 근교인 줄 알았더니 대전이란다. 차 마시러 그 먼 데까지 가냐고 했더니 바람도 쐴 겸 나들이하잔다.

도심의 세련된 찻집을 생각하고 갔는데, 오래전 지어진 시골마을 골목으로 들어선다. 재개발 지역이 카페골목으로 탄생하는 중이다. 오래된 폐가를 리모델링한 카페들이 저마다의 특색으로 호기심을 불러일으킨다. 향수를 자극하는 복고풍 카페를 찾는 사람이 많은데, 낡고 허름한 집을 그대로 살리면서 현대미를 가미해 개조한 카페 또한 멋스럽다. 재개발 지역에 생기는 핫한 카페를 보며 발상의 전환이라는 말이 떠올랐다. 카페 입구에 들어서자 울창한 대나무 숲에 온 것 같아 마음이 편안하다. 번뜩이는 아이디어로 꾸며진 실내 또한 근사하다. 분위기에 반하니 차 맛도 일품이다.

다방에서 카페로 세월 따라 이름도 변해갔다.

예전에 나는 그랬다. 이 다음에 결혼하면 요일마다 각기 다른 예쁜 잔에다 커피를 마시며 일주일을 우아하게 살 거라고….

어려운 일이 아니었는데 난 그렇게 살지 못했다. 아니, 그렇게 사는 걸 스스로 포기했다. 설거지거리를 하나라도 줄이려고 받침도 없이 커피 잔 하나 달랑 들고 거실에서 비 오는 풍경을 감상하고 있는 지금의 나를 생각하며 혼자 피식 웃는다.

빗줄기를 바라보며 오랜만에 추억 한 스푼을 넣은 달달한 커피를 마셨다.

커피 하나에 설탕 하나 반, 프림 둘, 단순하지만 맛은 더 좋았던 김 마담의 황금 비율이 그리워지는 날이다. 팝 아티스트 빌리 조엘은 "내 커피잔 속에 위안이 있다"고 말했다. 삶의 위안이 되는 남편과 함께하는 한 잔의 커피는 나에게 여유가 되고 편안함이 된다. 사라져가는 옛날식 다방을 찾아 커피 한 잔을 마시고 싶다. 오늘은 내가 먼저 남편에게 데이트 신청을 해야겠다.

"커피 한잔 어때요?"

쉰아홉

아홉이라는 숫자가 내게로 왔다.

그 뜨거웠던 여름도 오는 가을을 밀어내지 못하듯 누구도 다가오는 시간을 막을 수 없다. 사십 대 땐 오십의 나이가 되는 게 버거웠고, 오십 대 땐 육십이 되는 게 두려웠다. 그런데 어느덧 오십의 마지막 줄을 밟고 서 있다.

나이 쉰아홉!

바쁘지도 않은데 시간은 급히도 갔다. 오십 대는 내 인생에서 가장 힘든 시기였다. 생각지도 못한 암이라는 병마와 싸우느라 혹독한 시간을 보냈고 사랑하는 어머니를 먼 곳으로 떠나보내는 아픔을 겪었다. 자꾸만 움츠러들었다. 커튼을 치고 들어오는 햇살을 거부했다. 친구는 내게 어려운 일을 겪어 본 경험이 별로 없어서 이겨 내는 힘이 부족한 것이라고 했다. 생각해 보면 내 삶은 어제가 오늘 같은, 똑같은 날의 연속이었다. 사는 게 재미없다고 투덜대던 것이 행복에 겨운 투정이었다는 걸 이제야 알았다. 평범한 일상의 소중함을 그때는 몰랐다. 남편이 내미는 손을 잡고 밖으로 나왔다. 하늘이 이렇게 예쁜지 쉰아홉이 되어서야 눈에 보였다.

몸이 아파 쉬었던 수필 교실의 문을 다시 두드렸다. 그리운 이들이 그곳에 있었다. 좋은 사람들과 웃고 이야기하다 보니 마음이 저절로 치유되는 것 같았다. 하루를 그럭저럭 살던 내게 꿈이 생기고 세상이 아름답게 보이기 시작한 것은 오십 대의 끝자락에서였다. 수필과의 재회는 다시 가슴을 뛰게 했고 내게 활기를 주었다.

올여름, 오십 대의 끄트머리에서 여행을 떠났다. 지리산 가는 길에 함양 '오도재'라는 아름다운 길이 있다고 하여 그곳을 찾았다. 차를 타고 구불구불한 길을 오르며 창밖의 경치에 취해 있었다. 이어지는 '지안재'의 S라인 길의 절경에 온통 마음을 빼앗겼다. 한국의 아름다운 100선에 선정될 만큼 매력적인 이 길은 가히 환상적이다.

그때 자전거를 타고 언덕길을 올라가는 청년이 있었다. 숨이 턱턱 막히는 무더운 날씨에 오르막길에서 페달을 밟는 모습은 신선한 충격이었다. 누가 요즘 젊은이들을 나약하다고 했던가! 도전하는 젊음은 아름답다. 힘들게 오르고 난 후 눈앞에 펼쳐진 그림 같은 풍경은 자동차로 올라간 사람보다 몇 배 더 큰 감동으로 다가왔을 것이다. 성취감도 컸으리라. 청년의 밝은 미래가 보이는듯하여 나도 덩달아 뿌듯했다.

굽이굽이 가파른 고갯길을 오르며 이 길이 우리네 인생 같다는 생각이 들었다. 살다 보면 이런 길을 몇 번은 지나야 할 것이다. 지나고 나면 그래도 그때가 좋았다며 어려웠던 지난날을 추억이라는 이름으로 웃으며 이야기할 것이다. 구불구불한 언덕길을 자동차로 오르며 나는 그 길에서 긴장감과 스릴을 즐겼다. 정상에서 내려다본 아름다운 길이 오래도록 가슴에 남았다.

지리산 가는 길에 만난 청년은 많은 걸 생각하게 했다. 시작도 하기 전에 겁부터 내고 망설이던 나는 가는 세월만 탓하고 있었다. 내 시계만 빨리 간 것 같아 속상했다. 육십이 되기 싫었다. 육십이라는 숫자가 주는 무게가 싫었다.

이탈리아 영화배우 안나 마냐니는 사진을 찍으며

"내 주름살 수정하지 마세요. 그거 얻는 데 꽤 오래 걸렸거든요."

라고 사진사에게 말했다고 한다. 당당하게 나이 들어가는 것만큼 아름다운 것이 있을까!

요즘은 백 세 시대라고 한다.

"야~이야 이야~, 내 나이가 어때서 / 사랑하기 딱 좋은 나인데"

고속도로 휴게소 최고의 인기가요란다.

'그래, 내 나이가 어때서…'

육십은 청춘이다. 하고 싶은 것이 있다면 지금부터 시작하자. 나이가 많아서 못하겠다는 것은 핑계일 뿐이다. 육십은 무엇이든 할 수 있는 나이다. 더구나 나는 쉰아홉 아닌가.

'때문에'를 '덕분에'로 바꾸며 살라는 글을 읽은 기억이 난다.

'누구 때문에 이렇게 되었다'가 아닌 '누구 덕분에 이렇게 되었다'고 감사해하며 기분 좋게 오십 대를 마무리하고 싶다.

네 장의 달력이 남아있다. 바뀌는 계절을 여유롭게 느끼며 오십 대의 마지막을 즐기고 싶다. 그리고 나를 사랑하고 싶다.

이제부터 시작이다. 나는 아직 쉰아홉이다.

막무가내

떡국을 먹었다. 그리고 육십의 문지방을 넘어섰다. 누가 쫓아오는 것도 아닌데 시간은 있는 힘을 다해 달렸다. 아무 준비도 없이 무방비 상태로 있던 내게 '육십'은 그렇게 후다닥 다가왔다. 사람들은 말한다. 나이는 숫자에 불과하다고. 그렇게 말해놓고 정작 본인은 호적상이라는 말까지 들먹이며 한 살이라도 줄이기 바쁘다.

'육십이 되면 어떤 기분일까?' 하던 때가 있었다. 내겐 먼 이야기인 줄 알았다. 시간이 더디 간다고 느끼던 때였다. 그런데 떡국 한 그릇 뚝딱 먹자 어느새 이순이라 불리는 예순 살이 되었다.

얼마 전, 아들 내외와 여행을 갔다. 승용차 뒷좌석에서 남편 휴대폰으로 무언가를 검색하던 아들이 느닷없이 웃음을 터뜨렸다.

“아빠 휴대폰 속 엄마 이름이 뭔지 알아요?”

“이쁜 혜숙이.”

나는 장난스레 말했다.

“이쁜은 무슨! 막무가내예요, 막무가내.”

“뭐시라? 내가 왜?”

내가 언제 막무가내로 행동했냐고 묻자 남편은 "항상"이라고 짧게 대답하며 가만히 생각해 보란다. 농담처럼 말했지만 그 말을 듣는 순간 가슴이 뜨끔했다. 나름, 밖에서는 교양 있는 척 남에게 양보도 하고 배려한다고 생각했는데 그건 나만의 착각이었나 보다. 정작 가장 가까이 있는 사람은 나를 막무가내라고 생각하고 있었으니.

오래 입어서 목이 늘어난 낡은 티셔츠가 편한 것처럼, 부부도 오랜 시간을 같이하며 편안한 사이가 되어간다. 남에게는 말 한마디를 하더라도 조심하면서, 남편에게는 별생각 없이 하고 싶은 말을 다 했던 것 같다. 막무가내라는 말에는 무조건 자기주장만 내세운다는 뜻이 들어 있다. 생각해 보면 내 기준으로 옳고 그름을 판단해 내 생각과 다르면 인정하지 않았다. 한 번 더 생각하고 이야기해도 될 것을 무조건 내 말이 옳다고 목소리를 높인 적도 많았다.

부부 사이에도 지켜야 할 예의와 도리가 있다. 서로의 다름을 인정하고 존중하며 배려해야 한다. 가까운 사이일수록 말조심을 해야 한다. 상대방의 말 한마디에 상처를 받기도 하고, 세상을 다 얻은 듯 행복해하기도 한다.

이순, 귀가 순해진다는 나이다. 남의 이야기가 귀에 거슬리지 않고 이해될 수 있는 너그러운 마음이 되는 나이란다. 그런데 나는 듣기보다는 내 말만 하고 있었으니….

나이만 먹었다고 다 어른은 아니다. 몸은 나이를 먹는데 마음이 나이를 따라가지 못한다면 그건 부끄러운 일이다. 나이에 걸맞은 말과 행동으로 자기 자신을 책임질 수 있을 때 진정한 어른일 것이다.

육십이 되는 게 두려웠다. 나이 드는 것에 대한 두려움은 연금저축에 가입한다고 없어지는 것이 아니다. 예전의 예순 살은 할머니였다. 하지만 요즘은 인생이 육십부터라고 하지 않던가. 유쾌한 삶을 사는 젊은 언니이고 싶다. 멋있게 나이 들고 싶다.

아직도 남편 휴대폰에 저장된 내 이름은 막무가내다. 언제 바꿀 거냐고 물어보니 "하는 거 봐서…."라며 웃는다.

"맘대로 하세요."

그래도 그 이름이 그렇게 싫지만은 않은 건, 아마도 웬만하면 이해해 주고 받아주겠거니 하는 남편에 대한 믿음 때문인 것 같다.

흐르는 세월은 나를 이순의 언덕에 밀어 올렸다. 누구에게나 주어지는 하루 스물네 시간을 어떻게 쓰는가에 따라 남은 인생도 달라질 것이다.

이제 머리칼이 희끗희끗 해지고 눈이 침침해 돋보기를 써야 한다. 주름은 늘어나고 기억력은 흐릿해져가지만 멋지게 육십 대를 시작하고 싶다. 남의 이야기에 귀 기울이고 남을 배려하면서 더불어 살고 싶다. 그런데, 나는 이순의 나이에 남편에게 막무가내로 불리며 살고 있으니.

보쌈꽃이 피었네

눈이 떠졌다. 아침이 되려면 한참을 기다려야 한다. 다른 때 같으면 더 잘 수 있다는 행복감에 젖어 이불 속으로 다시 파고들었겠지만 나도 모르게 용수철처럼 퉁겨져 일어났다.

난생처음 내 손으로 김장하는 날이다. 어제저녁 배추를 소금에 절임으로써 김장은 시작되었다. 배추를 소금물에 담갔다가 꺼내어 사이사이에 소금을 뿌렸다. 그리고 잠들기 전 배추를 뒤집어놓는 것도 잊지 않았다. 절이는 것쯤이야 예전에 어머니가 김장하실 때 어깨너머로 본 기억도 있어 혼자 할 수 있다고 큰소리를 떵떵 쳤는데, 어찌 된 일인지 배추가 도로 밭으로 가려고 하고 있지 않은가. 소금을 적당히 뿌리라고 했는데 아무래도 부족했던 모양이다.

어느새 남편도 잠에서 깨어 밖으로 나왔다. 지금 소금을 뿌리면 안 된다느니 지금이라도 뿌려야 한다느니 티격태격하면서 다시 배추를 절였다. 너무 이른 시각이라 전화를 해 물어볼 수도 없었다. 넘치지도 않고 모자라지도 않는 적당히라는 말의 중요성을 새삼 깨달았다. 세상사 쉬운 일이 없다지만 배추 절이기조차 쉬운 일이 아니라는 걸 나이 오십이 넘어서야 알게 되었으니….

칠 남매의 막내와 결혼한 나는 형님들의 총애를 받으며 이 나이 되도록 김장을 얻어먹는 호사를 누렸다. 나이 차이가 많이 나는 형님들에게 나는 딸 같은 올케고 동서였다. 무한한 혜택과 보살핌을 지금도 받고 있는 중이다. 올 김장부터는 직접 담가보겠다고 했다.

우왕좌왕 시행착오를 겪으며 남편과 둘이 김장을 했다. 그동안 형님들에게 받은 사랑이 더 크고 감사하게 다가왔다.

김장 재료를 준비하며 남편이 좋아하는 장모님 표 김치 한 가지를 더 담가보기로 했다. 어릴 적부터 어머니가 해주시던 보쌈김치다. 어머니는 배추 김장이 끝나면 마지막으로 보쌈김치를 담그셨다. 그 당시 다른 집에서는 거의 볼 수 없던 개성식 보쌈김치는 우리 집만의 별미였다. 엄마의 손맛으로 기억되는 김치다.

먼저, 겉을 쌀만 한 절여진 배춧잎을 골라놓고, 배추의 줄기 부분과 무를 납작하게 썰었다. 물오징어를 손질하고 생새우와 굴도

깨끗이 씻었다. 달착지근하고 시원한 맛이 나도록 배와 양파도 곱게 갈았다. 갓, 미나리, 파를 같은 길이로 썰었다. 재료에 갖은양념을 넣고 고춧가루로 빨간 옷을 입혔다. 이제 솜씨 부릴 시간이다. 움푹 파인 사발에 골라놓은 배춧잎 너 댓 개를 포개어 깔고 국자로 소를 떠 넣었다. 그 위에 밤, 대추, 곶감을 잘게 채 썰어 잣과 함께 올리고, 꽃 모양을 낸 당근과 빨간 실고추로 한껏 치장을 한 후 정성스레 이파리로 감쌌다. 처음엔 찢어진 잎 사이로 속 재료가 삐져나와 벌겋게 물이 들고 생각대로 잘되지 않았다. 그러나 차츰 요령이 생기면서 동그란 모양의 예쁜 김치가 만들어졌다. 겹겹이 싸인 보쌈김치를 보니 자식들이 다칠세라 다른 길로 빠질세라 포근히 감싸 안은 어머니의 치마폭 같다는 생각이 들었다. 엄마의 맛으로 추억되는 김치에 어머니의 따스한 마음이 고스란히 담겨 있는 듯했다. 먹을 때 이파리를 한 잎, 두 잎, 걷어 내면 그 속에 예쁜 꽃 한 송이가 활짝 피어 있었다.

그 옛날 보쌈김치 한 보시기는 아버지의 술안주로도 손색이 없었고 손님상에 얌전히 오르던 특별한 반찬이었다. 지금도 어릴 적 친구들은 지나간 추억을 이야기하다 어머니의 보쌈김치 맛을 가끔 이야기한다. 배추김치만 먹다가 가끔 상에 올라온 보쌈김치에 따끈한 밥 한 공기면 참으로 행복했다. 어머니의 사랑도 함께 먹고 자라던 시절이었다.

요즘은 인터넷으로도 김치 담그는 법을 얼마든지 배울 수 있지만 어머니가 해주시던 그 맛 그대로 엄마의 맛을 우려내고 싶었다. 몸이 불편하신 팔순이 넘은 어머니께 전화로 물어가며 우여곡절 끝에 보쌈김치가 탄생되었다. 어설펐지만 올해 김장은 내 손으로 했다는 뿌듯함에 기분이 좋다. 연탄 들여놓고 김장김치 담그면 이제 추워져도 괜찮다고 하시던 어머니 말씀이 생각난다. 그 말을 이해할 것 같다. 김치를 담그면서 어머니의 소중함을 새삼 느낀 하루였다. 어머니가 곁에 계신 것만으로도 나에게는 행운이다.

겨울이다. 어머니의 사랑이 담긴 보쌈김치처럼 서로 감싸주고 안아주며 모두에게 따뜻한 겨울이 되었으면 좋겠다. 나는 내년에도 어머니를 생각하며 보쌈김치를 담글 것이다. 적당히 절여진 배추로….

손바닥 안의 세상

휴대폰이 울린다. '카톡, 카톡'

며느리가 하루가 멀다 하고 손자 모습을 사진 찍어 보내니 같이 살지 않아도 곁에 있는 느낌이다. 요즘은 집에 가만히 앉아서도 누가, 어디서, 무얼 하는지 다 알 수 있다. 휴대폰은 전화를 받고 보내는 기능 외에 무한한 정보를 제공하며 생활 속에 깊숙이 들어와 있다.

옛날엔 카메라에 필름을 넣고 사진을 찍었다. 필름을 사야 하니 사진 한 장을 찍어도 신중에 신중을 기해 셔터를 눌렀다. 그 후, 필름 없이 찍을 수 있는 디지털카메라가 나오자 사진을 찍고 마음에 들지 않으면 마음대로 지울 수 있다는 게 얼마나 매력적이고 신나던지. 그 당시 카메라는 집집마다 애지중지 아끼던 귀중품이었다. 하지만 지금은 누구나 손에 쥐고 다니는 휴대폰으로 언제 어디서건 쉽게 사진을 찍는다. 길을 걷다가 하늘이 예쁘다고 사진을 찍고, 식당에서 음식이 나오면 먹기 전에 사진부터 찍는 모습은 이제 어디서나 흔히 볼 수 있는 풍경이다. 휴대폰은 카메라 기능이 추가되면서 우리에게 더 가깝게 다가왔다.

전화기가 귀하던 시절이 있었다. 전화기 있는 집이 드물었지만, 어쩌다 집 전화를 신청해도 개통되려면 무려 2년여를 기다려야만 했다. 당시, 공중전화 부스 앞에는 전화를 걸기 위해 차례를 기다리는 사람들로 북적였다. 한참을 기다린 끝에 전화기에 동전을 넣고 대화라도 할라치면 '찰칵' 동전 떨어지는 소리에 가슴마저 덜컥 내려앉아 급하게 전화를 끊고 나면, 정작 해야 할 말은 빼먹은 적이 한두 번이 아니었다. '용건만 간단히'의 전화 예절은 누가 가르쳐 주지 않아도 공중전화기 앞에서 스스로 제득했나.

그 시절, 다방은 만남의 장소였다. 차 한 잔을 시켜놓고 이야기를 하다 보면 어김없이 들려오는 소리가 있었다.

"손님 중에 아무개 씨 계시면 카운터에 전화 와 있습니다."

약속시간에 늦기라도 하면 달리 연락할 방법이 없던 때였다. 지금 생각해 보면, 아마도 그때 연락이 닿지 않아 오해하고 헤어진 청춘 남녀도 꽤 있었으리라. 계산대 옆 메모판에는 기다리다 만나지 못하고 간 사람들이 남긴, 다음 약속 장소와 시간이 적힌 쪽지가 빼곡히 붙어있었다.

잠시라도 휴대폰이 없으면 불안해하는 요즘의 젊은이들은 그때를 상상이나 할 수 있을까? 휴대폰은 아이들에게 개성을 표현하는 패션이다. 자기만의 색깔로 독특하게 디자인한 휴대폰으로 남의 시선을 즐기기도 한다. 휴대폰 속엔 그들만의 세상이 있다. 한시도 눈에서 떼지 못하고 너무 빠져 있어 걱정도 되지만, 그 속에서 꿈과 미래를 찾기도 한다. 지금 우리는 손바닥만 한 작은 휴대폰으로 무엇이든 할 수 있는 문명시대에 살고 있다. 문화란 양면성이 존재하기 마련이다. 휴대폰의 등장으로 편리함과 좋은 점도 많지만, 사라져 가는 것도 많아 아쉬움도 크다. 휴대폰으로 인해 사라져가는 것을 생각해 보았다.

카메라로 사진 찍는 사람이 줄어들고, 알람시계가 보이지 않는다. 전화번호가 적힌 수첩이 사라지고, 가계부와 계산기가 필요 없어졌다. 카세트테이프가 자취를 감추었고. 손 편지와 연하장이 보기 힘들어졌다. 손목시계 찬 사람이 드물고, 경조사 알림을 문자로 전달하는 경우가 많아졌다. 언제 어디서든 뉴스를 볼 수 있으니 신문 구독하는 집이 줄어들었다. 음식을 먹어도 휴대폰으로 결제하니 현금도 필요 없게 되었다. 이렇듯 휴대폰 속에 자신의 삶이 온전히 저장되어 있으니 손에서 놓지 못하는 건 당연하다.

“이게 뭐가 필요해?”라고 말하던 기성세대들에게는 휴대폰은 전화를 걸고 받는 정도의 통신용품에 지나지 않았다. 그러나 지금은 휴대폰의 다양한 기능을 배우고 익혀, 그 속에서 즐거움을 찾는 어른들이 점차 늘고 있다. 기계치인 나도 서툴지만 휴대폰으로 ‘할머니가 쓰는 손자의 성장일기’를 쓰고 있다. 며느리가 카톡으로 보내오는 사진을 보며 손자에게 하고 싶은 말을 휴대폰에 적는다. 하루하루 커가는 모습을 담은 사진 일기다. 학교 다닐 때 숙제검사를 받기 위해 억지로 쓰던 ‘밥 먹고 잠을 잤다’는 일기가 아닌, 말 못하는 손자와 마음으로 나누는 이야기다.

정유년 닭띠, 오전 11시 12분, 몸무게 3.48kg.

별이가 세상에 첫발을 내디뎠다. 환한 별이 떴다.

아가의 우렁찬 울음소리에 가슴이 뛴다.

“건강한 모습으로 만나게 되어 반가워,

우리 별이, 착하고 밝게 자라렴.

길가의 풀 한 포기도 사랑하고,

남을 배려할 줄 아는 넉넉한 아이로 자라거라.

아가야, 사랑해!"

손자가 태어나던 날의 가슴 벅찬 느낌이 휴대폰 속에 고스란히 담겨있다. 한 달 후면 우리 아기가 세상에 나온 지 일 년이 된다. 그날 나는, 휴대폰에 검지로 눌러쓴 열두 달의 육아일기를 책으로 만들어 손자에게 선물할 것이다. 휴대폰은 하루가 다르게 신기능을 첨가하며 새롭게 진화 중이다. 이담에 우리 아이는 손바닥 안의 작은 휴대폰으로 어떤 세상을 만나게 될까?

2부

둥지 속 이야기

그냥

아파트 뒤편에 우리 부부가 산책하는 길이 있다. 노란 민들레와 하늘색 봄까치꽃, 보라색 제비꽃이 키 재기를 하는 들판은 자연이 선물한 꽃밭이다. 꽃길을 걷다 보면 연둣빛 무더기가 싱그러움을 선사한다. 지천으로 널려있는 클로버에 마음을 뺏겨 가던 길을 멈췄다. 어린 시절의 추억이 길 위에 있다. 삐죽이 고개를 내민 클로버 꽃 두 송이를 꺾어 꽃반지를 만들어 끼고 아이처럼 행복하다. 이렇게 세상은 온통 푸르고 아름다운데 아주버님을 생각하면 마음이 안타깝다.

얼마 전, 셋째 아주버님이 뇌경색으로 병원에 입원하셨다. 건강하고 활동적이시던 분이 하루아침에 말도 못 하고 몸을 움직일 수도 없게 되었다. 알아듣기는 하는데 말이 나오지 않으니 눈물만 흘리신다. 얼마나 답답하실까 뵐 때마다 마음이 아프고 안쓰럽다. 형님은 해줄 수 있는 것이 아무것도 없다며 속상해하신다.

어느 날, 팔을 주무르며 "사랑해"라고 하니 입꼬리가 살짝 올라가며 웃으시더란다. 사랑한다는 말은 상대방을 기분 좋게 하고 가슴 설레게 한다. 힘들고 어려울 때 희망과 용기를 주기도 한다.

형님은 내게 '사랑해'라는 말을 자주 하며 살라고 한다.

"우리 부부는 성격상 그런 말 잘 못해요." 하니 내가 표현을 해야 그 말이 되돌아오는 거라며 먼저 해보란다.

언젠가 TV에서 '사랑해'라는 말을 듣고 자란 식물이 그렇지 않은 식물에 비해 놀라운 성장을 한 실험 결과를 본 적이 있다. 말 한마디가 불러온 변화다. 긍정의 말을 듣고 자란 채소는 맛도 좋다고 한다.

남편에게 형님 이야기를 들려주며 "사랑해"라고 했더니 손사래를 친다.

멋없는 사람, 예상했던 대로다.

"그럼 나랑 왜 살아?"

생각할 시간도, 고민할 필요도 없이 바로 "그냥"이란다.

아이고, 그냥이라니…. 어쩔 수 없이 그냥? 살고 있으니까 그냥 저냥?

나는 휴대폰 일 번에 입력된 '짝꿍'을 그 자리에서 '그냥'으로 바꿨다.

그래, 나도 그냥 산다.

며칠 후, 문우들과 지인이 살고 있는 당진으로 봄나들이를 갔다. 앞마당엔 올망졸망 피어있는 들꽃들이 따사로운 햇살을 머리에 이고 보석처럼 반짝이고 있었다. 공기마저 맛있게 달다. 밖에서 나물 캐기에 푹 빠져 있을 때 전화가 온 모양이다. 벨이 자꾸 울리니 휴대폰을 보게 되었단다. 그런데 발신자가 '그냥'이었으니 이게 뭐지? 했을 것이다. 나는 자초지종을 이야기하고 함께 웃었다. 집에 돌아와 남편에게 낮에 있었던 일을 이야기하니

"그냥 좋다고."

"그냥 예쁘다고." 하면서 장난스레 볼에 뽀뽀한다. '그냥'이라는 단어가 이렇게 달콤한 말이었나? 갑자기 그냥이라는 말이 더없이 다정하고 따뜻하게 느껴졌다.

그냥 무작정 떠나고 싶을 때 흔쾌히 길동무해주고, 비 오는 날 느닷없이 전화해서 "그냥 걸었어." 하는가 하면, 힘들 때 아무 말 없이 그냥 함께 있어준 사람이 남편이다.

회심의 미소를 지으며 내미는 남편 휴대폰엔 언제 바꾸었는지 '왜 사니'라는 글자가 내 전화번호 위에서 웃고 있다.

그래, 왜 사느냐고 물을 때 그냥이면 어떠랴!

좋은 곳을 보면 함께 오고 싶고, 맛있는 것 먹을 때 생각나는 사람이 있다는 건 얼마나 고마운 일인가. 같은 방향을 바라보며 함께 갈수 있는 사람이 곁에 있다는 건 행복한 일이다.

찌개를 끓일 때 싱거우면 소금을 더 넣고, 짜면 물을 부어가며 간을 맞춘다. 음식의 간을 맞추듯 서로에게 맞춰가며 사는 것이 부부다.

육십의 문지방을 넘어섰다. 시간은 누가 일부러 돌려놓은 것 같이 빨리 갔다. 이제 한 박자 쉬어가며 천천히 여유를 즐기고 싶다. 내일도 그저 오늘처럼만 살고 싶다. 아프지 말고 둘이 함께 나이 들어갔으면 좋겠다.

남편은 하루에 한 번은 꼭 전화한다.

"뭐해? 밥 먹었어?" 그게 다지만.

오월의 세상은 연초록이다. 클로버는 봄의 한가운데서 푸름을 더해주고 있다. 세잎 클로버의 꽃말은 '행복'이라고 한다. 나는 그 자리에 쪼그려 앉아 수많은 세 잎 속에서 행운의 네잎클로버를 찾기 시작했다. 오늘은 네 잎짜리 한 개가 꼭 필요하다. 네 잎이다! 가슴이 콩닥거린다. 이 클로버는 형님 부부에게 선물해야겠다. 기적 같은 행운을 기원하며.

아직은 남편 전화번호를 누르면 '그냥'이라는 글자가 뜨게 둘 것이다. 무슨 사연이 생겨 또 다른 이름으로 바꾸기까지는.

우리 부부는 그냥 그렇게 산다.

사랑한다는 그 말을

서랍 속을 정리하다 낯익은 공책이 눈에 들어왔다. 첫 장을 넘기자 가슴이 아려왔다. '아, 엄마!'

'충남 천안시 다가동…'

어렵사리 붙잡고 있는 기억의 끈을 놓치지 않으려고 안간힘을 쓰며 써 내려간 엄마의 안타까운 흔적이다.

엄마와 나는 친구 같은 모녀 사이였다. 함께 여행도 다니고 농담도 곧잘 하면서 스스럼없이 지냈지만, 곰살맞은 성격이 아닌 나는 표현에 서툴렀다. 엄마에게 사랑한다고 말하고 싶어도 쑥스러워 망설이다 매번 말할 기회를 놓쳤다. '오늘 못하면 내일 하면 되지' 하는 마음이었던 것 같다.

얼마 전 TV에서 만화가 박광수 씨가 "우리가 살면서 사랑한다는 말을 잘 안 하는 이유는 언제든 할 수 있다고 생각하기 때문에 미루다 못하는 게 아닌지."라고 한 말에 공감이 갔다. 내일은 기약할 수 없다. 한 치 앞도 알 수 없는 게 우리네 인생 아닌가.

'자식은 봉양하려 하나 부모는 기다려 주지 않는다'는 논어의 한 구절이 가슴에 와닿는다. 엄마는 언제까지나 그 자리에 계실 줄 알았다. 엄마 없는 세상은 상상도 못했다. 존재만으로도 나에게 위로였다.

'엄마 사랑해'라는 말이 그때는 왜 그리 어려웠던지. 말로 하기 어색했으면 글로라도 써서 마음을 표현할걸, 왜 그 생각을 못 했을까? 생각해 보니 나는 엄마에게 편지 한 통 쓴 기억이 없다.

요즘, 손자를 유치원에 등원시키기 위해 아들네를 오가고 있다. 아침마다 만나는 풍경에 미소가 절로 나온다. 노란 버스가 아파트 정문 앞에 들어서면 아이들은 가족의 배웅을 받으며 차에 오른다. 엄마는 머리 위로 하트를 만들고, 아빠는 다정하게 손을 흔든다. 할아버지는 연신 손 하트를 날리며 버스가 떠날 때까지 자리를 지키고 있다. 어떤 이별이 이렇듯 애틋할까. 멀리 가는 것도 아니고 오랫동안 못 보는 것도 아닌 한나절의 외출이다. 그 모습을 지켜보다가 '부모에게 이런 사랑 표현을 하는 사람이 과연 몇이나 될까?'

하는 생각이 들었다. 예전에 엄마가 친목 여행을 가실 때 나도 이렇게 배웅을 해드렸더라면 얼마나 행복해하셨을까. 후회할 땐 이미 늦은 것이다.

엄마는 팔십을 바라보는 연세에 노인복지회관에 다니며 노년을 멋지게 사셨다. 왕년에 무용을 하셨던 엄마는 춤에 대한 열정이 대단했다. 한국무용 수업이 있는 날은 아침부터 생기가 넘쳤고 즐거워 보였다. 그곳에서도 엄마는 무대 위 주인공이었다. 젊은 시절 무용반 학생들을 인솔하여 전국 순회공연을 다녀온 이야기는 해도 해도 질리지 않는지, 엄마의 행복한 단골 레퍼토리였다. 그런 엄마에게 뇌졸중이라는 병마가 찾아왔다. 걷기도 힘들고 말도 어눌해졌다. 세상을 다 잃은 것처럼 슬퍼하고 절망하셨다. 하지만 다시 일어나겠다는 강한 의지로 걷고 또 걸으셨다. 마침내 어느 정도 회복이 되어 일상생활은 할 수 있었지만 좋아하는 취미생활은 더 이상 할 수 없게 되었다. 포기하고 현실에 순응해가는 엄마가 내내 안쓰러웠다. 그로부터 십여 년의 세월이 흘렀다. 세월 앞에 장사 없다더니 엄마의 몸도 점점 쇠약해져갔다. 거동도 힘들고 기억력도 차츰 희미해졌다. 어느 날, 침대에 누워 힘없이 나를 바라보시던 엄마가

"니가 내 엄마 같다."라고 말씀하셨다. 마음이 울컥했다. 사정

이 있어 엄마를 우리 집으로 모셔오긴 했지만, 그때 나도 투병 중이어서 엄마에게 해드릴 수 있는 게 별로 없어 마음 아파하던 때였다. 혼자서는 아무것도 할 수 없게 된 엄마가 아픈 딸에게 온 게 마음이 쓰이고 미안해서 하신 말씀이란 걸 안다. 자식에게 한없이 퍼 주면서도 늘 미안해하시던 엄마. 그 큰 사랑을 어찌 다 헤아릴 수 있으랴.

평소에 엄마는 치매가 제일 무섭다는 말을 자주 하셨다. 치매에 걸려 가족들도 못 알아보고 당신이 무얼 하는지도 모른 채 주위 사람들을 힘들게 할까 봐 두렵다고 하셨다. 엄마의 바람대로 탈 없이 지내다 편안하게 가시길 바랐건만 안타깝게도 치매 증상이 나타났다. 심했다가 나아졌다를 반복하며 엄마의 시간이 가고 있었다. 어쩔 수 없이 엄마를 요양병원으로 모셔야 하는 상황이 되었다. 엄마와 같이 지낸 지 5개월 만이었다. 가슴이 무너져 내렸다. 그렇게 나는 엄마에게 죄인이 되었다.

병원에 계신 엄마를 뵐 때마다 "엄마, 내가 누구야?"가 나의 첫 인사였다. 잠깐의 시간이 아주 길게 느껴졌다. 고맙게도 나를 잊지 않고 기억해 주셨다. 컨디션이 좋은 날은 침대 위에서 밥상을 세워놓고 글자 공부를 했다. "집 주소는? 아버지 이름은? 큰딸 이름이 뭐야?" 더 이상 기억을 잃지 않기를 간절히 바라며 응원을 보냈다. 그런데 어느 날부턴가 글씨가 점점 삐뚤어지더니 급기야 받침이 하나둘 틀리기 시작했다. 오래전 엄마는 초등학교 교사였다. 아이들에게 한글을 가르치고 받아쓰기를 시켰을 엄마가 글자를 잊어버린 것이다. 가슴이 미어졌다. 그때 병원 침대에 앉아 공책에 힘겹게 눌러 쓴 손글씨 밑에 '엄마, 사랑해'라고 한 줄씩 써드렸으면 좋아하셨을 텐데, 하는 생각이 이제야 든다. 늦게나마 하늘에 계신 엄마에게 내 마음이 닿기를 바라며 사랑한다고 커다랗게 써넣었다. 받침이 틀리고 삐뚤어진 글자가 나를 보고 인자하게 웃고 있다. 엄마의 체취가 남아있는 것 같아 차마 버리지 못한 소중한 공책을 서랍 깊숙이 다시 넣었다.

오늘따라 엄마가 더 보고 싶다. 이번 어버이날엔 편지 한통 써가지고 엄마에게 가야겠다. 생전에 못했던 그 말을 이제라도 해야겠다.

"엄마가 내 엄마여서 고마워요. 다음 생에도 우리 모녀지간으로 만나요. 그때는 엄마에게 받은 사랑 제가 돌려드릴게요. 엄마 사랑해요!"

한 점 찌를 바라보며

이른 아침 남편과 낚시터에 갔다. 물안개가 삼켜버린 저수지 풍경은 마치 한 폭의 동양화 같았다. 방죽에 앉아 물결 따라 흔들리는 찌를 바라보며 기다림의 미학을 배우고 있었다. 짜릿한 손맛을 기대하며 입질조차 하지 않는 물고기를 마냥 기다렸다. 바람 따라 쉼 없이 일렁이는 물결을 바라보며 몇 해 전 돌아가신 아버지를 생각했다.

아버지는 낚시광이었다. 자가용도 없던 시절, 토요일이면 낚시가방을 어깨에 메고 출근하시던 모습을 종종 보곤 했다. 토요일은 반공일이라 오전 근무만 하던 때였다. 아마도 잠시 후에 낚아 올릴

월척 한 마리를 기대하며 오전 내내 즐거우셨을 게다. 그날 저녁은 어김없이 비릿한 물고기 냄새와 함께 집으로 돌아오셨다.

동네에서도 아버지는 소문난 강태공이었다. 어릴 때 아버지를 따라 낚시터에 간 적 있다. 덥고 재미없다며 지루해하는 내게 아버지는 조바심을 버리고 기다릴 줄도 알아야 한다고 말씀하셨다. 입질도 않는 붕어를 기다리며 세월을 낚는 거라던 아버지는 그 어느 때보다 여유롭고 행복해 보였다. 나는 지금도 낚시라는 단어만 들어도 아버지가 생각난다.

아버지는 엄하신 분이셨다. 잘못한 것이 있으면 우리에게 직접 회초리를 꺾어오게 하셨고 스스로 반성하고 뉘우쳐야 용서를 하셨다. 부러질지언정 휘어지지 않는 대쪽 같은 성품의 아버지는 학생들을 가르치는 선생님이셨다. 나는 고지식하고 바른 생활만 강조하는 아버지가 답답하다고 느꼈다. 그런 아버지가 약주라도 드시고 오신 날엔 우리 사 남매에게 흰머리를 뽑게 하셨다. 심통이 난 작은 오빠는 아버지가 잠들만하면 일부러 머리카락을 잡아당겨 잠을 깨웠다. 아버지는 "허허, 이놈 봐라." 하면서 돌아누우셨다. 그땐 흰머리 뽑으라는 말이 왜 그렇게 싫던지 투덜거리기도 많이 했다. 지금 생각해 보면 자상한 표현에 익숙지 않은 무뚝뚝한 아버지의 자식 사랑법이었던 것 같다.

전근을 자주 다니시던 아버지는 홀로 하숙 생활을 많이 하셨다. 여고 2학년 때였다. 아버지가 학교에서 쓰러지셨다는 연락을 받고 어머니는 허둥지둥 병원으로 달려가셨다. 중풍이라고 했다. 요즘처럼 오랫동안 입원해서 치료를 받은 것도 아니었다. 어머니는 하숙집에서 석 달 동안 병간호를 하다 돌아오셨다. 그 후로도 오랫동안 아버지가 침을 맞고 뜸을 뜨는 모습을 보았다. 돌이켜보면 나는 너무 철이 없었던 것 같다. 중풍이 어떤 병인지도 잘 몰랐고 회복이 더디고 심각하다는 것도 그땐 알지 못했다. 걸음도 불편하고 말도 어눌했을 텐데 어떻게 그 후로도 십 년이 넘게 학교에 나가셨는지 이제 와 생각하니 너무 안쓰럽고 마음이 아프다. 아마도 가장이라는 책임감으로 아버지는 힘들다는 말 한마디 하지 않고 강한 의지로 이겨내셨던 것 같다. 그렇게 사십 성상을 교단에서 보내고 영예롭게 정년퇴임하시던 날, 모두들 대단한 분이라고 진심으로 존경의 박수를 보냈고 어머니는 그 옆에서 눈물을 흘리셨다.

이제 편히 쉬실 수 있을 거라 생각했다. 좋아하는 낚시나 즐기시며 여유롭게 지내시길 바랐다. 그런데 이번엔 위암이라는 병마가 찾아왔다. 그때 아버지 연세 예순여덟이었다. 두 해만이라도 더 사실 수 있게 해달라고 간절히 기도했다. 힘든 수술을 마치고 부르튼 입술을 깨물며 통증을 참는 모습을 보며 “아버지, 아프면 아프다고 말씀을 하세요." 하면서 안타까움에 많이 울었다. 병은 정신력으로 이겨내는 거라고 늘 말씀하시던 아버지, 그런 아버지였기에 그 힘든 항암치료도 잘 견뎌내시고 십 년 하고도 두해를 더 사셨다.

남을 원망하거나 미워할 줄 모르던 분, 법 없이도 살수 있다는 소릴 들으시던 분, 자식에게조차 짐이 되고 부담이 되기 싫어하던 분이셨다. 겉으로는 강해 보였지만 많이 힘드셨을 아버지를 생각하면 가슴이 아리다. 흐르는 세월은 어쩔 수 없는지 당당하던 아버지도 점점 힘이 빠지고 머리에는 흰 서리가 세월의 무게만큼 내려앉았다.

돌아가시기 전, 아버지를 뵈러 집에 갔다. 잡숫지도 못하고 누워 계시면서도 들릴 듯 말 듯 힘없는 목소리로 어머니에게 "재들, 맛있는 것 좀 해 먹여." 하시던 아버지. 출가외인은 친정에 자주 오는 것 아니라면서도 다시 오겠다고 한 날을 달력을 보며 손꼽아 기다리셨다는 아버지. 표현은 서툴지만 따뜻한 마음으로 한없이 자식들을 품어주셨던 분이었다. 떠나신 후에야 아버지의 자리가 큰 산과 같다는 것을 알게 되었다. 이제야 그 큰 사랑 알게 되었으니 난 얼마나 불효한 자식인지.

한 점 찌에 마음을 모은다. 바람에 찌가 흔들린다. 낚싯대를 당겨 보았지만 허탕이다. 오늘은 아버지에게서 배운 세월 낚시나 해야겠다. 안 잡히면 또 어떠랴. 예전처럼 답답하거나 지루하지도 않다. 오랜만에 아버지를 생각할 수 있는 시간이었다. 몸이 불편해 낚시를 못 하셨어도 가끔 아버지를 모시고 낚시터에 나왔더라면 좋아하셨을 텐데, 그땐 왜 그 생각을 못 했을까. 남편과 낚시터에 올 때마다 아버지 생각에 마음이 짠하다.

바쁜 일상이지만 쉼표 하나 찍고 쉬어가는 여유와, 어려운 일이 생겨도 견뎌내고 인내하는 삶을 몸소 보여 주신 아버지! 그 아버지가 보고 싶다.

아버지, 존경합니다. 그리고 사랑합니다!

간격

전화벨이 울렸다. "뭐 하세요?"

날씨가 덥다는 둥, 아이는 잘 노냐는 둥, 이런저런 얘기를 하다가 며느리가 느닷없이 내게 매일 전화를 하겠단다. 직장동료가 자기 엄마와 장모에게 매일 안부 전화를 하는데, 딱히 할 말이 없을 땐 식사하셨느냐고 묻고는 그냥 끊을 때도 있다며 저도 해보겠단다.

"그게 쉬운 일이 아닐 텐데…." 웃으며 말했지만 은근히 신경이 쓰였다. 옆에 있던 남편에게 며느리 시집살이하게 생겼나고 하니, 요즘 그런 애도 없다며 며느리 사랑은 시아버지란 티를 팍팍 낸다.

전화벨이 울릴 때 발신자에 '시어머니'라고 뜨면 전화를 받지 않는다거나 시집 식구라면 거부감이 들어 시금치의 '시'자도 싫다고 하는 며느리가 있다는 얘기를 들었던 터에 매일 전화하겠다는 며느리가 나라고 어찌 기특하지 않겠는가. 그렇지만 '며느리랑 매일 무슨 이야기를 하지? 서로가 너무 속속들이 알다 보면 불편한 게 더 많을 텐데.'하는 생각이 들었다. 전화를 하겠다고 하니 일단 지켜보기로 했다. 기회를 봐서 그만하라고 해야지 생각하면서.

다음날 전화가 왔다. "오늘은 뭐 하셨어요?"

이튿날 또 전화가 왔다. "뭐 하세요?"로 시작된 전화는 손자 이야기, 남편 이야기로 이어지고 미주알고주알 할 얘기도 많다. 이러다간 서로의 사생활도 전부 공유해야 할 판이다. 그런데 사흘째 되는 날, 전화기가 조용하다. 나는 혼자 씩 웃었다. 다음날 아침 일찍 휴대폰이 울렸다. 아마 전날 전화 못 한 게 신경 쓰여 출근길에 전화한 모양이다. "어제는요" 하는데, 내가 먼저 말을 꺼냈다. "매일 전화한다는 게 쉽지 않지? 전화는 하고 싶을 때만 해. 매일 전화해야지 생각하면 부담되고 정말 해야 할 때 하기 싫어질 수도 있어, 작심삼일이 되었지만 그래도 이뻐, 그런 마음을 먹었다는 게." 하자 며느리가 기다렸다는 듯 "예!"하며 웃는다.

나는 딸이 없고 아들만 하나다. 예전에 아들에게, 며느리가 생기면 딸처럼 생각하고 둘이 영화도 보고 쇼핑도 다닐 거라며 용돈이

나 두둑이 달라고 한 적 있다. 서로 다름을 인정하고 부족한 것은 이해하면서 고부갈등은 만들지 말아야겠다고 생각했었다.

애들을 결혼시키고 얼마 지나지 않아 며느리에게서 전화가 왔다. 밥은 먹었냐고 물었더니 "오늘 저녁은 피자예요, 방금 시켰어요."라는 말에 맛있겠다고 맞장구를 쳐주었다. 처음이라 시어머니가 어려울 수도 있는데, 그렇게 말하는 며느리가 꾸밈없고 순수해 보여 좋았다. 편하게 이야기하며 잘 지낼 수 있을 것 같은 예감이 들었다.

요즘 가족끼리 외식이라도 하려고 밖에 나가면 딸이냐고 묻는 사람이 종종 있다. 닮은 데라곤 전혀 없는데 스스럼없이 편해 보이나 하는 생각에 기분이 좋다. 며느리 입장에선 잘해 준다고 해도 어렵고 불편한 게 시집이다. 내가 먼저 마음을 열고 다가가니 며느리도 살갑게 잘 따라와 준다.

며칠 전, 휴대폰 카톡으로 손자 사진과 함께 익살스러운 이모티콘이 계속 날아왔다. '억척스런 반도의 오여사'라는 이모티콘이다. 나는 우리 집 오 여사에게 문자를 보냈다.

"돈 잘 버는 오 여사, 이모티콘 재미있다. 하나 선물해라." 바로 답이 왔다. "예, 반도의 선우여사는 아직 안 나왔으니 제 캐릭터 쓰세요. 최신 버전으로 보냅니다."

그날 '반도의 오여사'는 며느리와 시어머니 사이를 왔다 갔다 하느라 바쁜 하루를 보냈다. 우리 고부는 이렇게 산다.

북극에 사는 호저라는 동물은 몸에 뾰족한 가시털이 빽빽하게 나있는데, 서로 몸을 가까이 밀착해 체온을 나누며 추위를 이겨낸다고 한다. 하지만 상대방의 가시털에 서로가 찔리니 간격 유지를 위해서 붙었다 떨어졌다를 반복하며 적당한 거리를 찾는다고 한다. 그것을 쇼펜하우어는 '호저의 딜레마'라 하였다. 시어머니와 며느리 사이도 호저처럼 적당한 간격이 필요하다. 무심코 한 말이 본의 아니게 상처를 줄 수도 있다. 마음에 난 상처는 쉽게 아물지 않는다. 상대방에게 상처 주지 않는 적당한 거리를 유지하는 건 현명한 일이다.

사람과 사람 사이에도 필요한 틈새가 있다. 시어머니와 며느리 사이의 틈새는 넉넉하고 편해야 한다. 그것은 서로를 이해하고 배려하는 최선의 거리다.

우리 고부는 적당한 간격을 유지하고 서운한 일이 있으면 마음에 담아두지 않고 대화로 풀어가며 산다. 며칠 뜸하더니 며느리에게서 전화가 왔다.

"어머님, 뭐 하세요?"

우리 같이 가요

영화가 끝나고 엔딩크레딧이 올라가지만 바로 일어설 수가 없었다.

'사랑은 이런 거구나'라는 생각이 들었다. 칠십육 년을 부부라는 이름으로 알콩달콩 살아가는 노부부의 이야기가 입가에 미소를 짓게 했다. 커플 한복을 곱게 차려입고 손을 꼭 잡고 걸어가는 구부정한 뒷모습이 짠한 여운으로 남았다. 우리 부부는 어떤 모습으로 살아왔을까?

몇 해 전 어느 가을이었다. 음식을 먹으면 속이 쓰리고 따가워 위내시경 검사를 했다. 조직 검사를 했지만 별로 신경 쓰지 않았다.

며칠 후 병원에서 전화가 왔다.

"보호자랑 함께 나오세요."

뭔가에 세게 얻어맞은 기분이었다. 의사 선생님과 마주 앉았다. 침묵의 시간을 참지 못하고 내가 먼저 입을 열었다.

"암인가요?"

"……네"

남의 이야기인 줄만 알았던 일이 내게 일어난 것이다. 수술을 하고 항암치료를 시작했다. 아무것도 먹을 수가 없었고 쓴 물까지 토해내야 했다. 그때부터 남편은 나의 손과 발이 되어 주었다. 남의 도움을 불편해하는 내 성격 탓에 모든 일은 남편 몫이었다. 냉장고의 음식도 꺼내주어야만 먹던 사람이 맨 처음 배운 것은 밥 짓고 세탁기 돌리는 법이었다. 잠이 들면 알람 소리에도 깨지 못했는데 옆에서 조금만 뒤척여도 벌떡 일어났다. 밤에는 속이 쓰리고 따가워 잠을 잘 수가 없었다. 화장실을 가다가 약기운에 정신을 잃고 넘어져서 머리를 꿰매기도 했고, 턱밑은 거무스레하게 멍이 가실 날이 없었다. 아무 의욕도 없이 하루하루를 보내고 있었다. 남편의 생활은 아예 없었다. 모든 것이 내게 맞춰져 돌아가고 있었다. 밖에 나가서도 혼자 있는 내가 걱정이 되어 수시로 전화를 걸었다. 힘든 내색 한번 하지 않고 마음 써주는 남편이 안쓰러우면서도 간병인의 도움을 받으라는 주위의 권유를 불편하다는 이유로 마다했다. 지나고 나서 제일 후회되는 일이다. 내 생각만 한 것 같아 두고두고 미안하다.

문득, 내가 없으면 이 사람은 어떻게 사나? 하는 마음이 들자 안쓰러움에 마음이 아려왔다. 정신이 번쩍 났다.

남편 손을 잡고 가까운 공원에서 걷기부터 시작했다. 다리에 힘이 없어 걷다 쉬다를 반복했지만 기분은 날아갈 것 같았다. 불어오는 바람도 상쾌했다. 안으로만 움츠러들던 나는 세상 밖으로 나왔다.

사람들은 남편의 지극정성이 나를 살렸다고 한다. 그때 남편이 곁에 없었다면 이겨낼 수 있었을까?

말은 없지만 한결같은 사람, 오랜 병간호에 지치기도 하련만 짜증 한 번 낸 적이 없다. 지금 생각해도 고맙고 미안하다.

나는 지금 행복하다. 살아있어서 행복하고, 사랑하는 사람들과 이야기하고 웃을 수 있어서 행복하고, 그 속에 내가 있어서 행복하다. 행복은 거창한 게 아니란 걸 알게 되었다. 건강을 잃고 나서야 모든 것이 보였다. 주위의 모든 것에 감사하다.

'님아, 그 강을 건너지 마오.'의 영화 속엔 사랑이 있고 서로에 대한 배려가 있다. 할머니는 할아버지에게 먼저 가서 잘 지내고 있으라며 곧 따라간다는 말로 다시 만날 것을 기약한다. 보고 싶어도 조금만 참으라는 독백에 가슴이 먹먹해졌다. 노부부의 이야기를 담담하게 그려낸 다큐멘터리 영화가 오랫동안 가슴을 따뜻하게 했다. 우리 부부도 그렇게 살고 싶다. 함께 가는 황혼 길은 위안이고 행복이다. 둘이 같이 있다는 것만으로도 큰 축복이다.

모자란 건 서로 채워주고 뒤처지면 잠시 기다려주면서, 나란히 오래오래 같이 가고 싶다. 적당히 쉼표도 찍어가면서.

내게 가장 소중한

누구에게나 가장 아끼는 물건이 하나쯤은 있다. 사람들은 그것을 자신의 '보물 1호'라며 애지중지한다. 나의 보물 1호는 무엇일까? 생각만 해도 기분이 좋아져 미소가 지어진다.

어릴 땐 군인 아저씨가 어른인 줄 알았다. '국군장병 아저씨께'로 시작하는 위문편지를 쓰고 답장을 기다리던 때가 있었다. 세월이 흘러 엄마가 되고 아들을 군대 보내고 나서야 씩씩한 군인 아저씨도 집에서는 아직 어리기만 한 누군가의 아들이란 걸 알았다.

아들에게 공부는 안 하고 컴퓨터 앞에만 앉아 있다고 잔소리도 많이 했다. 군대 갔다 와야 철이 든다고들 하니 군대부터 다녀오라고 소리 높여 다그쳤다. "친엄마 맞아?" 하며 나를 놀리던 아들의 입영 날짜가 다가오자 일이 손에 잡히지 않았다. 있는 동안 잘 해줄 걸 후회가 되었다. 오랜 세월이 지났어도 아들을 논산 훈련소에 두고 오던 날이 아직도 생생하다. 눈물은 왜 그리 나던지….

남편은 "대한민국 남자라면 다 갔다 오는 곳이야, 잘하고 올 거야." 하고 나를 달랬지만 마음은 터진 둑처럼 속수무책으로 무너져 내렸다.

집에 돌아와 비어있는 아들의 방문을 열어보니 벗어놓고 간 옷가지가 방바닥에 널브러져 내 마음처럼 어수선하게 뒹굴고 있었다. 아들이 집을 나서면서, 메일을 보냈으니 떠난 후에 읽어보라던 말이 생각났다. 부랴부랴 컴퓨터를 켰다. '이제 정말 가는구나!' 하는 울컥한 마음에 쓰다가 멈추기를 반복하며 몇 날에 걸려 쓴 편지라고 한다. 엄마 없이는 무엇 하나 제대로 할 줄 모르는 아들이 군대에 간다며 많이 그립고 보고 싶을 거라고 했다. 힘들 때마다 엄마 생각하면서 잘해 낼 거라고 나를 다독였다. 그동안 감사했다고, 사랑한다고….

텅 빈 방에서 아들이 써놓고 간 편지를 읽고 또 읽으며 빨간 토끼 눈이 되었다. 그렇게 아들은 국방의 의무를 다하러 떠났다.

아침잠 많고 체력 약하고 나를 닮아 키가 작은 아들을 군대에 보내고 나니 이런저런 걱정으로 하루가 한 달 같았다. 그때 위로가 된 것은 아들과 주고받은 편지였다. 연애할 때 남편에게도 쓰지 않던 편지를 일주일이 멀다 하고 아들에게 썼다. 우편함에 꽂힌 낯익은 글씨체의 편지를 기다리는 재미도 있었다. 구구절절 부모를 걱정하는 내용이었다. 군대 갔다 와야 철들 줄 알았더니 가자마자 철들었다고 놀렸다.

'귀하의 자제분은 엄청 힘든 주간 행군을 마치고 쉬는 시간에 잠시 짬을 내어 펜을 들었습니다.'로 시작하는 글은 부모님을 위해 국방을 철통같이 지키고 있으니 안심하고 항상, 매일, 에브리데이 즐겁게 사시라는 말로 장난스럽게 끝을 맺었다.

나라의 부름을 받고 집을 떠난 아들은 걱정했던 것과 달리 군 생활에 적응하며 잘 지내고 있는 것 같았다. 곁에 있을 땐 "엄마는 몰라도 돼." 하던 아들과 멀리 떨어져 있는 동안 오히려 속 깊은 대화를 나누며 서로를 더 이해하게 되었다.

'나 태어날 때 나 울고 다 웃었지만, 나 돌아갈 때 나 웃고 다 울게 하리라'라는 아들의 좌우명도 그때 알았다. 멋지다, 아들. 그렇게만 살아라!

국방부 시계는 거꾸로 매달아도 돌아간다고 했던가? 시간은 어김없이 갔고 아들은 군 생활을 마치고 건강하게 돌아왔다. 가족의 소중함을 알게 해준 시간이었고, 넓은 세상으로 나가기 위한 귀한 경험이었다.

제대 후 얼마 지나지 않아 아들이 내게 책 한 권을 선물했다. 군대에서 부모님 생각날 때마다 끼적거린 거라며, 오자마자 인터넷으로 신청하여 책을 만들었단다. 그때 나는 그런 게 있는 줄도 몰랐다. 가슴이 두근댔다. 아들이 만든 책이라니….

첫 장을 넘기자 군 생활 2년 동안 부모를 생각하고 걱정했던 마음이 고스란히 전해져와 마음이 따뜻해졌다. 효자 아들이 거기에 있었다. 그때의 감동을 잊을 수가 없다.

"그럼, 너랑 나랑 주고받은 편지도 책으로 만들 수 있니?"

그렇게 해서 아들과의 편지가 '병영 우체통'이라는 제목을 달고 또 한 권의 책이 되어 나왔다. 책 표지에 아들과 엄마 이름이 나란히 있으니 기분이 좋았다. 나의 보물 1호는 이 두 권의 책이다. 이 책을 보고 있으면 이십 년 전 세월이 무색하게 어제 일같이 새록새록 생각난다. 아들은 내게 두고두고 꺼내 볼 수 있는 소중한 추억 하나를 선물했다.

군대에서 철들었던 아들이 입대 전 원래의 모습으로 돌아오기까지는 그리 오랜 시간이 걸리지 않았지만, 변하지 않는 게 좋은 거라며 능청을 떠는 그런 아들을 나는 사랑한다.

아들은 이제 짝을 만나 결혼했고 자식을 낳고 가정을 이루었다.

네 살배기 아이 때문에 밤잠을 설쳤다고 투덜대는, 아직도 어린 애 같은 아들에게 한마디 했다. "너도 그렇게 컸어, 니 아들 맞네."

요즘 우리는 활자의 홍수 속에 산다. 인터넷 클릭 한 번이면 많은 책을 쉽게 접할 수 있다. 서점에는 좋은 책들이 차고 넘친다. 그렇지만 내겐 무명작가 황병장이 쓴, 서툴고 어설프지만 애틋한 마음이 담긴 이 두 권의 책이 가장 소중하다.

남의 편

오늘 저녁엔 무얼 먹지? 시장에 가 봐도 딱히 먹고 싶거나 살 만한 것도 없다. 그렇다고 매일 똑같은 반찬을 상에 올릴 수도 없다. 주부에게 밥상을 차리는 일은 평생 헤어날 수 없는 과제다. 끼니 걱정을 하다가 아스라이 떠오르는 젊은 날의 추억에 혼자 웃음 짓는다.

나는 김치 한번 담가보지 않고 결혼을 했다. 어머니는 내게, 시집가면 실컷 할 거라며 일을 시키지 않으셨다. 그러면서도 종종 "어떻게 하는 줄은 알아야 남을 시킬 수도 있고 본인도 덜 답답할 텐데."라는 말로 걱정스러움을 표현하셨다. 그때마다 나는 "가면 다

하게 돼 있어요."하고 큰소리를 땅땅 쳤다. 하지만 그 자신만만함은 그리 오래가지 못했다. 결혼하고 얼마 지나지 않아서 찬거리로 두부를 한 모 사 오긴 했는데 어떻게 해야 할지 난감했다. 시집올 때 가져온 요리백과사전은 책장 한구석에서 자리만 차지하고 있었다. 답답한 마음에 남편에게 물었다.

"두부찌개를 끓이려고 하는데 할 줄 알아?"시원한 대답이 바로 돌아왔다. "그냥 썰어와, 두부는 간장에 찍어 먹어도 맛있어."

그날 우리는 생 두부를 간장에 찍어 맛있게 먹었다. 신혼시절이니 어떤 것이든 맛이 없었을까. 그때는 지금처럼 알고 싶은 정보를 인터넷으로 쉽게 얻을 수 있는 시대가 아니었다. 하지만 요즘은 언제 어디서 건 휴대폰으로 음식 이름만 검색하면 그 즉시 요리법을 알 수 있다. 초보자도 얼마든지 따라 할 수 있게 그림과 함께 설명하니 맛에는 차이가 있겠지만 누구든 요리사가 될 수 있다. 덕분에 나도 가끔은 맛있다는 칭찬도 들어가며 쉽고 편하게 음식을 한다.

남편은 소식하고 잘 먹는 편은 아니다. 하지만 여태껏 반찬 투정 한번 하지 않은 걸 보면 사십 년 가까이 같이 살면서 아무래도 내 손맛에 길들여진 것 같다. 두부를 간장에 찍어 먹어도 맛있기만 하던 그때는 남편이 언제까지나 내 편일 줄 알았다. 그 남편이 지금 내 휴대폰에 '남의 편'으로 이름이 저장되어 있다.

남편은 불만이 별로 없는 사람이다. 무엇이든 긍정적으로 생각하고 다른 사람을 배려하는 마음도 크다. 남에게는 법 없이도 살 수 있는 사람이란 소릴 듣지만 같이 사는 나는 답답하고 속상할 때가 많다. 사람들은 말한다, 그런 남편 없다고. 나도 안다, 그런 사람 없는 거….

하지만 그럴 때마다 내가 하는 말이 있다. "한번 살아 보슈, 좋기만 한지."

남편은 결정적일 때 남의 편이 된다. 살다 보면 남과의 사이에서 속상한 일이 생길 때가 있다. 팔이 안으로 굽는다고, 사람들은 우선은 가족 편을 든다. 그게 옳다는 건 아니다. 하지만 같은 생각을 하고 지지해 주는 사람이 곁에 있다는 것만으로도 천군만마를 얻은 기분이라 어느새 화는 반쯤은 풀린다. 그런데 남편은 그런 경우에 꼭 남의 편이다. 상대방이 잘못한 걸 알면서도 "그 사람도 그때는 그럴 수밖에 없었을 거야, 당신이 이해해."라고 한다. 남에게는 왜 그리 너그러운지.

"성인군자 여기 계셨네!" 비아냥거리고 화를 내도 남편은 한결같다.

남편과 나는 성격도, 모습도 아주 다르다. 부부는 살다 보면 닮는다는데 우리는 닮은 점이 하나도 없다고 하면, 똑같으면 싸우기나 하지 서로 다르니까 사는 거란다.

소설가 김홍신은 “다름을 인정하면 행복은 배가 된다.”라고 했다. “부부 싸움을 할 때 싸움만 해야 하는데 심판까지 하려고 하고, 판결도 자기 잣대로 내린다.”라는 말에 공감이 간다. 다름을 인정하는 것은 쉬운 일이 아니다. 하지만 다름을 인정하면 마음이 훨씬 너그러워진다.

텔레비전에서 진행자가 어느 방청객에게 묻고 있다.

“다시 태어나도 지금의 아내와 결혼하실 건가요?”

나도 남편에게 물었다. “다시 태어나도 나랑 결혼할 거야?”

“당연하지!” 아니라는 말이 나올 줄 알았는데, 아무래도 나보다 한 수 위인 것 같다. 어쨌든 기분은 좋다.

길을 가다 보면 혼자 걷고 싶은 길이 있고, 둘이 걷고 싶어지는 길도 있다. 그래도 누군가와 함께 걷고 싶은 길에서 남편이 떠오르는 걸 보면 지금은 남의 편이시만 인젠기는 내 편이 될 거라는 기대가 있나 보다.

‘남편이 바뀌는 게 빠를까? 아니면 내가 포기하는 게 빠를까?’

아무래도 후자일 것 같다.

삶은 물음표다. 내일 일도 모르고 사는 게 인생이다. 지금 건강하다고 백세를 사는 것도 아니고, 돈이 많다고 다 행복한 것도 아니다. 그날이 그날이라고 투덜대던 때가 있었다. 평범한 그날이 가장 행복한 날이란 걸 이제는 안다. 지나간 버스는 되돌아오지 않는다. 떠난 뒤에 손을 들면 아무 소용이 없다. 나를 내려놓고 다름을 인정하고 이해하며 사는 연습을 해야겠다.

남편은 오랜 세월을 가정과 직장을 위해 쉼 없이 달려왔다. 좋아하는 낚시도 다니고 함께 여행이나 하면서 인생 2막을 시작하자고 한지도 몇 해가 지났다. 퇴임식장에서 가슴 뭉클한 감동을 느끼며 감사의 마음을 담아 쓴 편지를 전할 때의 느낌이 아직도 생생한데, 나는 그동안 혼자서 편 가르기나 하고 있었다. 이제 휴대폰 속 남편 이름을 바꿔야 할 때가 된 것 같다.

시장에 가면 즉석에서 두부를 만들어 파는 곳이 있다. 오늘 저녁엔 금방 나온 따끈따끈한 두부를 사다가, 간장에 파 송송 썰어 넣고 깨소금 솔솔 뿌리고 참기름 두어 방울 떨어뜨려서 예쁜 종지에 담아 식탁에 올려야겠다. 그 옛날 추억의 맛을 느끼고 싶다. 그런데, 우리 집 '남의 편'은 그 맛을 기억이나 할까?

미안해

아침상을 차려놓고 수저를 막 들려던 순간 전화벨이 울렸다. 유난히 크게 들리는 벨 소리에 가슴이 철렁 내려앉았다.

"할머니가 위독하세요. 임종을 못 보실 수 있으니 빨리 오세요!"

간호사의 목소리가 날카롭게 가슴에 와 꽂혔다. 엄마!

엊그제 엄마랑 눈 맞추고 왔는데 이렇게 빨리 가실 줄은 생각도 못 했다. 의사선생님은 두세 달쯤은 괜찮을 거라 했다. 난 아직 엄마를 떠나보낼 준비도 안 됐는데….

엄마와 함께 살던 동생이 병원에 입원하게 되자 엄마를 돌볼 사람이 필요했다. 혼자서는 거동이 불편하신 엄마를 남편은 우리 집으로 모셔오자고 했다. 그때 나는 투병 중이었고 모든 일은 남편

묷이었다. 주위에선 힘들 거라고 말렸지만, 여기가 엄마 마음이 제일 편할 거라며 자기가 도와주겠다고 했다. 직장 다니랴 아내 병간호하랴 힘든 와중에 남편은 엄마까지 모셔와 약이며 간식을 손수 챙기며 지극정성으로 보살폈다. 엄마는

"니 신랑은 나한테 왜 이리 잘하니, 나까지 와서 힘들어서 어떻게 해." 하며 미안해하셨다. 남편은 딸인 나보다도 더 마음을 쓰며 정성을 다했다. 그런 사위를 엄마는 믿고 의지했다. 그러던 어느 날 엄마에게 치매 증세가 나타났다. 밤새 우는소리를 내어 모두의 잠을 깨웠고 다음날은 온종일 주무시기만 하는 날이 반복되었다. 잠도 제대로 못 자고 출근하는 남편을 더는 볼 수가 없었다. 가족들과 상의 끝에 엄마를 요양병원에 모시기로 했다. 엄마와 생활한 지 5개월 만이었다. 그날 이후 나는 잠을 잘 수도, 밥을 먹을 수도 없었다. 자식이라면 이렇게 매정하게 떼어놓고 돌아설 수 있을까? 하는 죄책감에 많이 울었다. 병원에서도 엄마가 우울해하시며 식사를 전혀 못 하신다는 연락이 왔다. 남편은 "이러다가 모녀가 큰일 나겠네"라며 사흘째 되던 날, 엄마를 다시 집으로 모셔왔다. 일주일쯤 지나자 엄마의 기분도 많이 나아지고 병세도 호전되는 듯했다. 엄마는 "너 다 나으면 그때 너의 집에 올게." 하시며 병원으로 가겠다고 하셨다. 잠깐씩 정신이 돌아오는 치매 상황에서도 자

식을 생각하는 엄마를 보며

'자식은 힘들 때 부모님을 찾고, 부모님은 힘들 때 자식에게 감춥니다.'라는 오래전 한 제약회사의 우황청심환 광고를 떠올렸다.

구십이 가까운 연세에도 자식을 위해 모든 걸 감내하시는 엄마. 내가 어찌 엄마의 크나큰 사랑을 헤아릴 수 있을까. 아무리 퍼내도 마르지 않는 샘 같은 존재가 엄마였다.

엄마는 다시 병원으로 가셨고 우울해하시면 집으로 모셔오기를 몇 번을 반복하다 그마저도 할 수 없게 되었다.

"엄마, 내가 누구야?"

기억의 끈을 마저 놓아 버릴 것 같아 뵐 때마다 조마조마한 마음으로 엄마 귀에 대고 묻곤 했다.

"우리 딸, 혜숙이"

들릴 듯 말 듯 작은 목소리지만 또렷하게 기억하고 계셨다.

"많이 아파요?"

"나는 괜찮다. 너는?"

병원 침상에 누워서도 가끔씩 정신이 맑아질 때면 딸 걱정을 하시던 엄마.

돌아가시기 직전, 의식도 없는 상태에서 혼잣말로 '미안해, 미안해'하시더라는 간병인의 말에 가슴이 무너져 내렸다.

'엄마가 뭐가 미안해, 내가 엄마에게 정말 미안해.'

죽는 것이 무섭다던 마음이 여린 엄마, 혼자서 어떻게 가셨을까? 가슴 밑바닥에서부터 눈물이 차올랐다. 나는 엄마의 임종을 지키지 못한 딸이 되었다. 엄마는 누구에게 무슨 말을 하고 싶으셨을까? 아마도 사위에게 고마워하며 아픈 딸을 부탁하고 미안해하며 먼 길 떠나신 듯하다. 엄마 얼굴에 내 뺨을 비비니 아직 가시지 않은 온기가 느껴졌다. 이제는 보고 싶어도 볼 수 없다. 얼굴을 만져 볼 수도, 엄마 냄새를 맡을 수도 없다. 그렇게 나는 엄마를 떠나보냈다.

엄마는 병천에 있는 풍산공원 아버지 곁으로 가셨다. 그곳에 가려면 병천 초등학교를 지나야 한다. 이 학교는 교사였던 엄마의 첫 부임지였다. 예전에 엄마는 아버지 묘소에 갈 때면 옛날이야기를 하시며 감회에 젖곤 했다. 교사로서 첫 출발을 시작한 곳이라 추억도 많았다. 꽃다운 나이에 처음 사회생활을 시작했던 그곳을 지나 마지막 안식처로 가셨다. 엄마는 그 길을 지나며 무슨 생각을 하셨을까? 세월의 무상함을 느끼셨을까? 아니면 기분 좋은 추억을 한아름 안고 미소 지으며 하늘나라로 가셨을까?

아무도 없는 쓸쓸한 병실에서 병마와 싸우며 외로움에 많이 힘드셨을 가엾은 우리 엄마. 이제 더는 아프지 말고 아버지랑 못다

한 얘기 나누며 편히 쉬시길 바랄 뿐이다.

"엄마, 사랑해, 그리고 아주 많이 미안해."

이런 사람이라면

저만치서 시내버스가 모퉁이를 돌아 고개를 살짝 내민다. 가슴이 뛰기 시작한다. 버스는 문을 스르르 열어 주며 어서 오라고 나를 반긴다, 마치 그동안 아무 일도 없었다는 듯이….

행여 넘어질세라 다리에 힘을 꽉 주고 조심스레 버스에 올랐다.

휴대폰 게임을 하는 사람, 이어폰을 꽂고 음악을 듣는 사람, 오랜만에 보는 낯익은 풍경이다. 자리에 앉아 창밖의 풍경을 바라보고 있으니 가슴이 벅차오른다. 무심히 지나쳤던 일상이 참으로 소중하다. 초록물이 뚝뚝 떨어질 것만 같은 가로수의 이파리가 싱그럽다. 이유 없이 웃음이 나온다. 그냥 좋다. 참으로 아름다운 세상이다.

꼭 삼 년이 걸렸다, 이렇게 혼자 외출을 하기까지.

속이 더부룩하고 쓰리고 따가웠다. 약을 먹어도 차도가 없어서 위내시경 검사를 했다. 조직 검사를 했지만 대수롭지 않게 생각하고 있었다. 보호자와 같이 나오라는 간호사의 전화에 가슴이 쿵 내려앉았다. 생각지도 못한 일이 내게 일어났다.

의사 선생님은 너무 걱정하지 말라면서 인근 종합병원으로 가보라고 권한다. 곧바로 종합병원으로 향했다. 담당의는 가져간 검사결과지를 보더니 간단하게 내시경 수술로 일주일이면 퇴원할 수 있으니 입원 수속을 하라고 한다, 얼결에 환자가 되었다. 그런데 필요한 여러 가지 검사를 하다가 수술할 부위가 내시경으로는 어렵다며 개복수술을 해야 된다고 한다. 마음은 차분해지는데 머릿속은 갑자기 바빠지기 시작했다.

'오랫동안 집을 비우면 남편과 아이의 밥은 누가 챙기나? 빨래는?'

당시 나는 병에 대해 무지했고 간단한 외과 수술쯤으로 생각했던 것 같다. 그래서 별로 겁도 나지 않았다. 하지만 수술을 하고 항암치료를 받으며 쉽지 않은 병이란 걸 알게 되었다. 먹지도 못하고 토하는 날이 계속되었다. 천장은 뱅글뱅글 돌고 밤에는 속이 쓰려

잠을 잘 수가 없었다. 하루하루가 지옥이었다. 입원과 퇴원을 반복하며 몸도 마음도 자꾸 나락으로 빠져들었다.

밥을 지어본 적도 없고, 세탁기 돌리는 방법도 몰랐던 남편은 서툴게 살림을 시작했다. 전화 받는 것도 지치는 일이라며, 내게 걸려오는 친척들의 안부전화도 자기에게 해달라며 양해를 구했다. 몸은 힘들었지만 남편의 배려에 마음은 편안했다. 든든했고 마음 씀씀이가 고마웠다. 살림은 초보지만 간병은 일류였다. 반복되는 항암치료에 점점 지쳐가고 있었다. 그때 남편 휴대폰이 울렸다. 컬러링으로 2AM의 노래가 애절하게 흘러나오고 있었다.

> "죽어도 못 보내, 내가 어떻게 널 보내 / 가려거든 떠나려거든 내 가슴 고쳐내 아프지 않게 나 살아갈 수 있게 / 안 된다면 어차피 못 살 거 죽어도 못 보내"

가슴이 먹먹해지며 뜨거운 것이 올라왔다.

'그래, 얼른 일어나자. 이 사람을 위해서라도.'

그날 이후 나는 산책도 열심히 하고, 토하면서도 억지로 먹었다. 빨리 회복하고 예전으로 돌아가고 싶었다.

그렇게 시간이 흘렀다. 건강도 점차 나아지고 있다. 남편도 이제야 겨우 자기 생활을 찾아가고 있다. 그동안 아픈 나보다도 더 힘들었을 것이다. 지금도 밖에 나가면 여전히 하루에 한 번은 꼭 전화한다.

"어때, 괜찮아?" 거기엔 모든 것이 담겨 있다.

건강은 건강할 때 지키라고 한다. 예전엔 그 말이 그렇게 와닿지 않았다. 하지만 건강만큼 소중한 게 없다는 걸 건강을 잃고 나서야 깨달았다. 눈을 떠서 아침을 맞이할 수 있다는 게 큰 복이라는 것도 알았다.

언젠가 수필 수업 시간에 다시 태어나도 지금의 남편과 결혼하겠냐는 질문을 받은 적이 있다. 그때 나는 "아니요, 다른 사람하고도 살아 봐야지요."라며 웃으며 대답했던 기억이 난다. 하지만 지금 다시 누가 내게 묻는다면 주저 없이 "예, 이런 사람이라면 한 번 더 살아도 괜찮을 것 같은데요."라고 말할 수 있을 것 같다.

긴 터널을 빠져나온 느낌이다. 새롭게 다시 시작하고 싶다. 모든 것에 감사하다. 아주 오랜만에 혼자서의 외출은 가슴 설레는 소풍 같았다.

저녁에 남편이 집에 돌아오면 외출 길에서 내내 느꼈던 이 말을 꼭 해야겠다. 그동안 애썼다고 그리고 아주 고맙다고.

엄마

예순한 번째 생일날 아침, 미역국을 한 숟가락 입에 넣다 엄마 생각에 왈칵 눈물이 났다. 곁에 계셨더라면 "우리 딸, 그새 나이가 이렇게 됐나?" 하시며 감회에 젖으셨을 우리 엄마!

아들 내외가 마련한 회갑 축하는 열흘간의 서유럽 여행으로 미리 거하게 받았건만, 바쁜 출근시간에 부랴부랴 써 내려간 아들의 효심 지극한 장문의 문자가 당일 밥상 앞으로 배달되었다. 뭉클한 행복감을 느끼면서도 가슴 한쪽이 시리다. 엄마! 나도 우리 엄마가 보고 싶다. 이름 있는 특별한 생일이라 더 그런 것 같다.

책장 귀퉁이에 꽂혀 있던 '엄마를 부탁해'라는 글자가 저릿하게 가슴으로 들어왔다. 책을 꺼내 들었다. 신경숙의 장편소설 『엄마를 부탁해』였다.

이야기는 시골에서 올라온 엄마가 서울의 지하철역에서 아버지의 손을 놓쳐 실종되면서 시작된다. 가족들은 잃어버린 엄마를 찾아다니며 각자의 시선으로 엄마와 함께했던 시간을 추억한다. 엄마가 행방불명되고 나서야 엄마의 사랑이 얼마나 크고 대단했던가를 깨닫고 지난날을 반성하며 안타까워하는 내용이다. 내가 아닌 다른 사람을 통해서 엄마를 이야기하는 독특한 화법에 감정이입이 되어 가슴이 더 아팠다.

자식에게 늘 미안하다는 엄마, 아픈 것을 숨기고 묵묵히 가족을 위해 헌신하는 엄마, 다친 발이 아물지 않아 겨울에도 앞이 터진 파란 슬리퍼를 신고 발등을 파고드는 아픔을 견디며 추위 속에서 아들을 위해 걷고 또 걷는 엄마, 우리네 엄마가 거기에 있었다.

책을 읽는 내내 몇 해 전 돌아가신 엄마 생각이 떠나지 않았다.

어릴 적 나는 학교 갔다 집에 오면 엄마부터 찾았다. 행여 엄마가 보이지 않으면 가방도 내려놓지 못하고 여기저기 찾아다녔다. 엄마가 없는 집은 휑하니 썰렁했다. 엄마가 눈에 보여야만 비로소 마음이 놓였다.

엄마는 평생 밥 짓고 살림하며 남편과 자식을 위해 많은 걸 포기하며 살았다. 엄마니까, 엄마라서, 당연한 줄 알았다. 엄마는 태어날 때부터 엄마인 줄 알았다. 하지만 커가면서 엄마의 삶을 지켜보며 "나는 이다음에 엄마처럼 살지 않을 거야!"라는 말을 입버릇처럼 내뱉곤 했다. 하고 싶은 것도 많고 가고 싶은 곳도 많은 나는 내 인생은 나의 것이라고 늘 주장하면서. 하지만 엄마가 되고 나서야 알았다. 엄마처럼 살고 싶어도 나는 엄마의 삶을 흉내조차 낼 수 없다는 것을….

소설 속에서 큰딸은 "그 말을 믿어? 엄만 늘 그러잖아, 그게 엄마의 어법이잖아."라고 말한다. 문득, 예전에 인기가수가 불렀던 '어머님께'라는 노래 가사가 떠올랐다.

> 자장면 하나에 너무나 행복했었어 / 하지만 어머님은 왠지 드시질 않았어
>
> 어머님은 자장면이 싫다고 하셨어 / 어머님은 자장면이 싫다고 하셨어

어머니도 자장면이 왜 먹고 싶지 않았으랴! 맛있는 것이나 귀한 것이 있으면 자식에게 하나라도 더 먹이고 싶은, 그 깊은 뜻을 그때는 헤아리지 못했다.

"나는 그거 안 좋아해" "나는 지금 속이 안 좋아"라고 하시던 우리 엄마의 말을 나도 이제야 이해한다. 그게 모든 엄마들의 어법이었다는 것을.

소설 속에서 아버지는

"말이란 게 다 할 때가 있는 법 인디, 나는 평생 니 엄마한테 말을 안 하거나 할 때를 놓치거나 알아주었거니 하며 살았고나. 인자는 무슨 말이든 다 할 수 있을 것 같은디 들을 사람이 없구나." 하며 자책한다.

마음속에서 눈물이 흐른다. 나도 엄마에게 고맙다는 말, 사랑한다는 말을 쑥스러워서 하지 못했다. 하고 싶은 말이 있으면 그때그때 표현을 해야 한다는 걸 이제야 깨닫는다. '나중에'라는 말은 이미 늦은 것이다.

책 마지막에 엄마가 자신의 지나온 삶을 돌아보며 담담하게 이야기하다가 "엄마는 알고 있었을까? 나에게도 일평생 엄마가 필요했다는걸." 하는 대목에 가슴이 먹먹해졌다. 엄마도 위안이 필요했고, 보듬어줄 상대가 필요했을 게다. 엄마도 나약한 딸이었으니까.

이 책은 엄마의 일생을 돌아보면서 우리가 얼마나 이기적이었고 엄마에 대해 무심했나를 반성하게 한다. 나도 바쁘다는 핑계로 엄마에게 소홀했었다. 엄마니까 다 이해해 줄 거라 생각했다. 무조건적인 사랑을 주던 엄마였기에 당연한 줄 알고 받기만 했다. 엄마를 생각하면 같이 떠올려지는 고마운 사람이 있다.

엄마가 먼 길 떠나시기 전 남편은 주위의 걱정스러운 만류에도 개의치 않고 거동이 불편한 엄마를 우리 집으로 모셔왔다. 그때 나는 투병 중이었고, 살면서 가장 힘든 상황이었다. 남편은 엄마에게도 지극정성을 다했다. 치매기가 오면서 결국 요양병원으로 가셨지만 엄마와 함께 지낸 5개월은 나에게 선물 같은 시간이 되었다. 엄마와 시간을 보낼 수 있는 기회를 준 남편이 지금도 고맙다. 병상에 누워서도 정신이 잠시 맑을 때면 나는 괜찮다며 아픈 딸을 걱정하시던 엄마. 존재만으로도 든든했던 엄마였다. 시간이 지나면 희미해질 줄 알았는데 엄마와의 추억은 날이 갈수록 더욱 선명해진다.

바람이 분다. 오늘 같은 날 엄마에게 따끈한 미역국 한 그릇 대접하고 싶어도 이제 엄마는 안 계시다. 오늘따라 엄마가 더 보고 싶다. 국화꽃 한 다발 들고 엄마를 뵈러 가야겠다.

– 예순한 번째 생일 아침, 아들에게서 온 감동 문자

늙은 손 늙은 주름
바쁘다는 핑계로 신경 쓰지 못한 사이에
엄마는 언제 이렇게 세월을 걸어가셨나요

흔들거리는 이, 휘청이는 발걸음
피곤하다는 핑계로 연락 뜸했던 사이에
엄마는 언제 또 이렇게 약해지셨나요

평생을 저를 업고 지탱해 주셨던
누구보다 단단했던 엄마의 두 다리가
제 손목보다 얇아졌음을 깨닫고 눈물이 납니다

엄마! 이젠 제가 업고 다닐게요
기운 없는 우리 엄마 편하게끔 둘러업고
맛있는 거 먹으러 다닐래요
구경하는 거 좋아하는 우리 엄마 둘러업고
신나게 예쁜 거 보러 다닐래요

부처님 하느님 천지신명이시어
어렵지 않은 부탁이니 소원 하나 들어주소
내명 깎아서라도 우리 엄니 백 살까지 살게 해주소
엄마 없는 하늘 아래 나 홀로라면
구름 한 점 없다해도 흙빛처럼 어두울 텐데

나 혼자 오래 살면 무엇하오
함께하는 시간만이 의미가 있음을.
감사합니다. 죄송합니다. 그리고 사랑합니다.

퇴임식장에서

수고 많으셨습니다. 그리고 고맙습니다.

성환농협은 당신이 평생을 바쳐 일해 온 직장이고 삶의 터전이었어요.

그곳에서 영예롭게 마무리를 하게 되어 행복합니다.

제 인생을 바꿔 놓은 곳이기도 하지요.

꽃다운 나이에 직장동료로 당신을 만났어요.

결재판 속에 메모지를 꽂아 남몰래 데이트 신청을 하던 당신.

누가 볼세라 차 한 잔을 마셔도 길모퉁이 작은 찻집을 찾던 시절이었지요.

그때를 생각하면 지금도 가슴이 따뜻해집니다.

그런데, 어느덧 많은 세월이 흐른 뒤 작별 인사를 하는 단상에 저도 함께 있네요. 38년이라는 결코 짧지 않은 직장 생활을 하면서 어렵고 힘든 일도 많았을 텐데 당신은 집에서는 전혀 내색하지 않으셨어요. 모든 걸 긍정적으로만 생각하고 이해하려는 당신이 때론, 답답하다고 투정도 부렸지만 곁에 있어 든든했습니다. 묵묵히 가정과 직장을 지켜주신 당신이 고맙습니다.

그리고 오늘 이 자리가 자랑스럽습니다.

몇 해 전, 생각지도 못한 병마와 싸우느라 힘이 들고 지쳐 있을 때

당신은 짜증 한번 내지 않고 제 곁에서 든든한 버팀목이 되어 주었어요. 그때 당신이 옆에 없었다면 이겨내지 못했을 겁니다. 고생 많으셨어요.

언제나 청춘일 것 같았던 당신도 세월 앞에는 어쩔 수가 없네요.

꾸부정한 뒷모습이 안쓰러워 보입니다.

이제 제 어깨를 내어 드릴게요.

모든 걸 내려놓고 쉬엄쉬엄 갑시다.

적당히 쉼표도 찍어 가면서, 좋아하는 낚시도 하고 여행도 다니면서 남은 인생 함께 가요. 우리 지금처럼만 살아요.

'덕분에'라는 말속에는 감사의 마음이 담겨 있다고 합니다.

지금 이 시간, 당신 덕분에 행복합니다.

표현에 서툰 제가, 오늘만큼은 용기 내어 말하렵니다.

고마워요! 사랑해요!

2016년 3월 15일

당신의 아내가.

3부

잠시만요, 쉬었다 갈게요

쉼표 하나
백 살 커플의 레트로 여행
도전은 현재 진행 중
오늘도 해피엔딩
시장에서 세계를 보다
놀멍 쉬멍, 고사리꺾으멍
힘차게 비상하라
기차표 두 장
내가 미쳤어
벨롱장에서 만난 행복
힐링여행

쉼표 하나

완도에서 뱃길로 한 시간 사십 분을 달렸다. 어여쁜 새댁이 노랑 치마를 살랑이며 나를 반긴다. 노란 물이 뚝뚝 떨어질 것 같은 유채꽃이 만발한 제주도는 지금 샛노란 세상이다.

바다다. 눈이 시리도록 푸른 바다가 가슴을 뛰게 한다. 어쩌면 물빛이 이리 고운지 눈을 뗄 수가 없다. 이 섬은 내게 설렘으로 다가왔다.

봄바람을 타고 엽서가 날아들었다. 작년 이맘때 청산도 여행길에서 남편과 나는 서로에게 하고 싶은 말을 써서 느림 우체통에 넣었다.

"이젠 건강도 많이 좋아졌겠지. 그럼 또 다른 추억을 만들기 위해 떠나볼까? 은퇴하고 가진 건 시간뿐이니, 제주도에서 한 달?"

어떤 연애편지가 이보다 더 달콤할 수 있을까. 일 년 만에 도착한 남편의 엽서에 가슴이 콩닥거린다.

나는 오래전부터 제주도에서 한 달 살기를 꿈꿔왔다. 이담에 시간적 여유가 되면, 바다와 자연이 아름다운 제주도에서 한 달쯤 살아보자고 남편에게 얘기하곤 했다. 한데, 그 대답을 엽서를 통해 듣게 되리라고는 생각지도 못했다. 아들이 급하게 여기저기 알아보더니 숙소와 배편을 어렵게 예약했다며 퇴직 기념 선물이란다. 일사천리로 제주도 한 달 살기가 진행되었다. 기대감에 들떠 하루하루를 보냈다. 얼마 후, 남편의 휴대폰 카톡 화면에 '백수 입문'이라는 글자가 떴다. 38년이라는 긴 세월 동안 쉼 없이 달려온 직장생활에 마침표를 찍은 것이다. 나도 내 휴대폰에 '백수 아내'라고 큼지막하게 써넣었다. 잠시 후 아들에게서 전화가 왔다. "나도 '백수 아들'로 바꿨슈." 며느리도 보았는지 어느새 '백수 며느리'가 되어 있었다. 그렇게 우리 가족은 지인들에게 각사 휴대폰으로 백수 가족이 되었음을 알렸나. 그리고 백수 부부가 된 우리는 제주도의 봄을 찾아 집을 나섰다.

일상에서 한걸음 벗어나는 것만으로도 자유를 느낀다. 떠나지 않으면 알 수 없다. 세상이 얼마나 아름다운지. 구불구불한 길을 지나며 이 길의 끝엔 무엇이 있을까 호기심에 가슴이 설렌다. 밭 가장자리에 쌓아 올린 야트막한 돌담이 정겹다. 쭉쭉 뻗은 삼나무 숲길을 지나니 드넓은 초원이 펼쳐진다. 해안가를 따라 길게 세워진 수많은 풍력발전기가 한 폭의 그림 같다. 쉬엄쉬엄 다니려고 했는데 아름다운 풍경에 반해 아침이면 서둘러 다시 길을 떠난다.

한 달 동안 머물 우리 집은 바다 물빛이 신비롭고 오묘한 함덕 해변 근처였다. 바다를 좋아하는 내겐 최적의 장소다. 옥색 물빛을 보는 순간 마음마저 바닷속에 풍덩 빠져버렸다.

평소, 무작정 떠나고 싶거나 사는 게 버겁다고 느껴질 때 나는 바다를 보러 간다. 넓고 탁 트인 바다를 보고 있으면 가슴이 시원해지고 기분이 좋아진다. 바다는 엄마같이 무슨 말이든 다 들어주고 받아 줄 것 같다. 모든 걸 감싸주고 포용해 주는 바다는 그리운 엄마다.

비가 오는 날에도 자동차로 해안가 드라이브를 즐겼다. 바위에 부딪혀 부서지는 하얀 파도가 장관이다. 평소 말이 없던 남편도 바다에게 "스마일" 하고 농담을 건네며 차창 밖으로 손을 내밀어 사진 찍기 바쁘다. 차도 달리고 기분도 달린다. 얼마를 가다 보니 세찬 빗속에서 물질하는 해녀들이 보인다.

'호오이' 휘파람 소리가 들린다. 이 소리는 삶의 고단함이 묻어있는 해녀의 '숨비소리'다. 물질을 하다가 숨이 턱까지 차면 바다 위로 떠올라서 참았던 숨을 내쉬는 소리라고 한다. 살기 위한 절박한 소리를 가까이에서 들으니 가슴이 뭉클했다. 언젠가 TV에서 "저승에서 벌어 이승에서 쓴다." 던 어느 해녀의 말이 떠올랐다. 평화롭고 아름답게만 보이는 바다가 그네들에겐 목숨을 건 일터고 삶의 터전이다. 힘들지만 자기 일에 자부심을 갖고 당당하게 어려움과 맞서 나가는 해녀의 삶을 보면서 쉽고 편한 것만 찾는 나 자신이 부끄러웠다. 바다에서 인생을 배운다. 제주도는 눈길 닿는 곳마다 그림이다. 바닷가에 무심히 놓여있는 의자 하나가 내 마음속으로 들어왔다. 힘들 때 잠시 몸을 쉬게 해주는 의자가 지친 마음까지도 쉬어갈 수 있게 자리를 내어 준다. 푸른 바다를 통째로 안고 있는 예쁜 의자에 앉아 파도 소리를 듣고 있으니 넓은 바다도 내 것이 된다. 이 아름다운 풍경도 혼자였다면 이런 마음으로 볼 수 있을까. 둘이라서 행복하고 모든 것에 감사하다.

여행은 모르는 곳에서 몰랐던 나를 볼 수 있다. 제주도에서 한 달 살기는, 나 자신을 생각해 보는 시간이었고, 자연 속에서 한 박자 쉬어가는 여유를 배우며 행복한 마감을 했다.

이제 남편과 인생 2막이 시작되었다. 지치고 힘들 때 서로 손잡아 주면서 쉬엄쉬엄 함께 가고 싶다. 동행이란 같은 방향으로 가는 것만이 아니라 같은 마음으로 가는 거라고 한다. 곁에서 길동무해 주는 남편과 쉼표 하나 커다랗게 찍고 왔다.

백 살 커플의 레트로 여행

길이 밀린다. 차는 가다 서다를 반복하고 있다. 오랜만에 아들과 단둘이 의기투합하여 길을 나섰는데 도로에서 인내심을 시험 중이다. 목적지에 도착하려면 한나절은 걸릴 것 같다. 이럴 땐 빠른 포기가 필요하다. 잠시 고민하던 아들이 내게 추억 여행을 시켜주겠다며 차를 돌린다.

있다. 허름한 삼층 연립주택이 그 자리에 그대로 있다. 사십여 년 세월의 흔적을 덕지덕지 묻힌 채 꿋꿋하게 서있다. 어릴 적 소꿉친구를 만난 것처럼 반갑다. 건물 한쪽 벽면에 일렬횡대로 줄 맞춰 붙어있는 가가호호의 전기계량기가 정겹다. 놀이터 옆 수돗가에 놓여있는 빨간 고무대야 속에서 플라스틱 바가지가 물장난을 하며 햇살과 놀고 있다. 네 동짜리 건물을 기웃기웃 구경하다가 활짝 열려있는 어느 출입문 앞에서 발길이 멈춰졌다. '라동 205호' 몸이 기억하고 있었다. 낡고 녹슨 우편함에는 편지 대신 고지서 용지가 고개를 빼꼼히 내민 채 지금의 주인을 기다리고 있다.

결혼 2년 만에 내 집을 장만했다. 은행에서 무리하게 대출을 받고 전세금을 탈탈 털어 새집으로 이사를 했다, 폴폴 나는 페인트 냄새조차도 달달한 향기로 느껴졌다. 그땐 새집 증후군이 뭔지도 몰랐다. 작지만 고대광실이 부럽지 않았다. 이사하던 날의 설렘이 지금도 생생하다.

아장아장 걷던 아이가 세발자전거를 타고, 시간이 흘러 두발자전거를 타게 되자 천방지축 동네를 휘젓고 다녔다. 어둑어둑해질 때까지 밖에서 뛰어노는 아이를 부르느라 젊은 새댁은 2층 주방 베란다에서 창문을 열고 소리쳤다. "그만 놀고 들어와, 밥 먹어!" 자고 나면 한 뼘씩 자라던 때였다.

출근하는 남편 오토바이 뒷자리는 아들의 등굣길 지정석이었다. 아침마다 늦장 부리는 아이의 등을 고함소리로 밀어내고, 주방 쪽 창가에 서서 부자의 뒷모습이 보이지 않을 때까지 바라보곤 했다. 그 창문을 지금 올려다보고 있다. 아이가 초등학교 졸업할 때까지 이 집에서 살았으니 새록새록 추억도 많다. 아들도 어린 시절이 생각나는 듯 여기저기 둘러보며 즐거워한다. 나도 저절로 노래가 흥얼거려진다.

"그대여 아무 걱정 하지 말아요 / 우리 함께 노래합시다
그대 아픈 기억들 모두 그대여 / 그대 가슴에 깊이 묻어버리고
지나간 것은 지나간 대로 / 그런 의미가 있죠."

힘든 기억도 지나고 나면 아름다운 추억으로 남는다. 그 옛날 나무 평상에 앉아 이야기꽃을 피우던 동네 아낙들은 지금 어디서 어떻게 살고 있을까.

나선 김에 더 오래전으로 시간 여행을 마저 떠났다. 나의 두 번째 인생이 시작된 곳이다. 결혼 전 남편과 나는 같은 직장의 동료였다. 남이 알세라 몰래 데이트를 하던 때가 있었다. 결재판 속에 쪽지를 꽂아 007작전이라도 수행하듯 지나가면서 슬쩍 쪽지를 건네며 만남을 청해왔고, 차 한 잔을 마셔도 누가 볼까 봐 다방의 구석진 자리를 찾았다. 하지만 기침과 사랑은 감출 수 없다고 했던가. 아무도 모른다고 생각했는데 이미 수변에서 알 만한 사람은 다 알았던 모양이다.

손에 물 한 방울 묻히지 않게 해줄 거라는 말도 안 되는 감언이설

에 속아 나는 한 남자의 아내가 되었다. 그런데 그 지극정성과 열정은 어디다 버렸는지 지금 나는 전혀 딴 남자와 살고 있다. 어쩌겠나, 그때 눈에 콩깍지가 씌었던 내 탓인걸. 그렇게 나는 꽃다운 이십 대에 엄마 손을 놓고 남편을 따라와 성환댁이 되었다. 그리고 오랜 세월이 지난 지금, 아들과 함께 그때 그 시절의 십삼 년 흔적을 찾아 나섰다. 내 과거의 시간 속에 아들의 추억도 고스란히 들어있었다. 학교 앞 문방구에서의 뽑기, 재미있는 오일장 구경, 자장면이 유명한 동순원, 먹어도 또 먹고 싶던 달라스햄버거…. 무궁무진한 이야기와 먹거리가 길 위에 있었다. 우리는 한 시대를 공유한 사이다. 이야기는 꼬리를 물고 이어졌다. 변한 듯 변하지 않은 모습으로 자리를 지키고 있다.

그런데 쉽게 찾을 줄 알았던 시장 근처 신혼집이 온데간데없다. 주변을 몇 번이나 돌아봐도 어디쯤이었는지 가늠조차 안 된다. 그곳은 새로 지은 건물들로 완전히 다른 동네가 되어있었다. 하기야 강산이 네 번이나 변한 세월이다. 하루가 다르게 변하는 세상인데 아직도 남아있기를 기대한 건 지나친 욕심이다. 돌아갈 수 없는 시간이어서 더 그립고 아쉽다. 인생은 왕복 티켓을 팔지 않는다. 출발하면 되돌아갈 수 없다. 지금 내가 어디쯤에 와있는지 생각해 본다. 시간은 그리 많지 않은 것 같다. 이제부터라도 하고 싶은 것이 있으면 미루지 않고 해보려고 한다. 지나고 나서 아쉬워하는 일은 만들지 말아야겠다.

생각지도 못했던 과거로의 시간 여행은 진한 감동으로 다가왔다. 지척에 있어도 벼르기만 하다 선뜻 나서지 못하고 마음속으로만 그리워했다. 그런 마음을 헤아려준 아들이 대견하고 고맙다. 또 하루가 세월에 보태졌다. 참 좋은 날이다. 훗날 아들은 엄마와의 오늘을 어떻게 추억할까?

아들과 나는 매년 이곳을 다시 찾아 시간 여행을 하기로 했다. 벌써부터 마음이 설렌다. 우리는 꿍짝이 맞는 백 살 커플이다.

도전은 현재 진행 중

하늘이 유난히 파랗다. 줄 하나에 몸을 의지한 채 짚라인을 타고 하강의 짜릿함을 즐기는 사람들이 하늘길을 날고 있다. 꼭 한번 타 보고 싶었다. 공중에서 내려다보는 세상이 궁금했다. 하지만 호기심보다는 두려움이 더 커 매번 보는 것만으로 만족하곤 했다.

남한강이 한눈에 내려다보이는 단양 만천하 스카이워크에 갔다. 남편이 짚라인을 타자고 했다. 나는 심장이 멎을지도 모른다며 손사래를 쳤다. 아직은 갈 때가 아니라며…. 말은 그렇게 했지만 마음은 어느새 하늘을 날고 있었다.

긴장감을 즐기던 때가 있었다. 놀이공원에 가도 다리가 후들거릴 정도의 아찔한 기구만 골라 탔다. 어지러워 비틀거리면서도 마냥 즐거웠다. 그런데 지금은 남이 타는 걸 쳐다보기만 해도 가슴이 두근거린다. 세월의 흐름은 어쩔 수 없다고 핑계 대며 겁쟁이가 되었다.

무섭지 않다는 남편의 꼬드김에 한참을 망설이던 나는 한번 도전해 보기로 했다. 지금 못하면 나중엔 정말 못할 것 같다는 생각이 들었다.

옆 라인에서 남편도 같이 출발할 거라며 응원을 보냈다. 옆에 있다고 무슨 도움이 되겠냐마는 그래도 마음이 한결 든든했다.

"자, 출발합니다." 안전요원의 목소리가 들리는가 싶더니 발을 받치고 있던 문이 열리면서 몸이 튕겨져 나갔다. 두려움에 눈을 질끈 감은 채 '악'소리를 내며 출발했지만 이내 '와'하는 탄성으로 바뀌었다. 무서워서 못 볼 줄 알았던 아름다운 풍경이 눈에 들어왔다. 발아래 펼쳐진 남한강과 푸른 숲이 장관이다. 가슴이 뻥 뚫리는 시원함을 느꼈다. 나는 어느새 바람을 가르며 창공을 날고 있었다. 앞서 출발한 남편은 저만치서 시원스레 잘도 내려간다. 상쾌한 바람을 온몸으로 느끼며 즐거워하던 순간, 갑자기 몸이 뱅글뱅글 돌아가는 게 아닌가. 줄을 쥔 손에 힘이 바짝 들어갔다. 중심을 잡지 못하고 삐뚤빼뚤 느리게 내려가더니 종착지가 얼마

남지 않은 곳에서 멈춰 서고 말았다. 언젠가 TV에서 보았던 공중에 멈춰 선 유원지의 놀이 기구가 떠올랐다. 두려움이 몰려왔다.

"괜찮아, 조금만 기다려." 가까이서 남편 목소리가 들렸다. 아래쪽 환승지점에서 안전요원이 허리에 줄을 걸고 있는 모습이 보였다. 그제야 마음이 좀 진정되었다. 안전요원은 줄을 잡고 내게로 건너와서 든든한 길잡이가 되어주었다. 살았다는 안도감에 연신 고맙다고 인사를 하자, 돌풍이 불면 가끔 있는 일이라며 빙그레 웃는다.

줄에 매달려 공중에 있는 동안 많은 생각이 스쳐 지나갔다. 시간은 왜 그리 길게 느껴지던지….

다 와서 그랬으니 망정이지 중간쯤에서 멈춰 섰더라면 어땠을까? 멀지 않은 곳에서 남편 목소리가 들리고 거의 다 왔다는 안도감에 한결 덜 무서웠던 것 같다.

부부는 같은 방향을 바라보며 함께 가는 거라고 한다. 하지만 언제까지나 같이 갈 수는 없다. 홀로 왔다가 홀로 가는 게 인생 아닌가. 어차피 누군가는 혼자 남게 되는 날이 온다. 당당하게 남은 삶을 살기 위해서는 홀로서기 연습이 필요하다.

영국의 극작가 버나드 쇼는 '우물쭈물하다가 내 이럴 줄 알았지.'라는 말을 그의 묘비명에 남겼다고 한다. 나에게 하는 말 같아 뜨끔했다. 나는 그동안 얼마나 많은 일을 내일로 미뤄왔던가. 지금 당장 시작하면 될 것을 주저한 적은 또 얼마나 많았던지.

옆에 있던 남편에게 묘비명에 쓰고 싶은 말이 있냐고 물었더니 '잘 놀다 간다.'라고 쓸 거라며 껄껄 웃는다. 마지막 갈 때 그런 말을 할 수 있다면 그것도 성공한 인생이다. 사는 동안 나름 즐겁고 행복했을 테니까.

육십 고개를 넘고 보니 지나간 날에 대해 아쉬움이 많다. 시간도 무한리필이 된다면 얼마나 좋을까. 남은 세월이 얼마인지 나는 모른다. 지금부터라도 하고 싶은 일이 있다면 용기 있게 도전하며 살고 싶다. 우물쭈물 망설이다가 나중에 후회하고 싶지 않다. 부러워하며 바라보기만 했던 짚라인을 드디어 탔다. 두려움도 컸지만 해냈다는 성취감에 가슴이 뿌듯했다. 꿈은 꾸는 자만이 이룰 수 있다. 더 늦기 전에 이번에는 패러글라이딩에 도전해 보고 싶다. 더 높이, 더 멀리 날고 싶다. 우리네 인생은 매 순간 새로운 삶이다.

나의 도전은 현재 진행 중이다. 도전!

오늘도 해피엔딩

봄 내음이 진동한다. 흐드러지게 핀 벚꽃이 봄이 왔음을 천지 사방에 알린다. 지금 이곳은 하얀 세상이다. 나뭇가지에 매달려 낭창낭창 흔들리던 벚꽃이 바람에 흩날린다. 바닥에 떨어진 꽃잎마저 눈부시게 아름답다. 그 꽃잎 속에 드라마 한편이 오버랩 된다.

"내 삶은 때론 불행했고 때론 행복했습니다. 삶이 한낱 꿈에 불과하다지만 그럼에도 살아서 좋았습니다." 여배우의 마지막 대사가 진한 여운을 남긴다. 얼마 전에 끝난 '눈이 부시게'라는 TV 드라마다. 스물다섯 청춘의 혜자가 어느 날 갑자기 칠십 대의 노인이 되면서 겪는 이야기다. 알츠하이머병을 앓고 있는 칠십 대 혜자의 시선에서 되돌아본 그의 삶은 우리에게 세상은 살아갈 만한 가치가 있다는 걸 일깨워주고, 지금 이 순간의 소중한 의미를 생각하게 한다. 불확실한 미래로 인해 하루를 힘들게 살아가는 요즘 젊은이들은 오늘이 얼마나 풋풋하고 찬란한 날인지 모른다. 암울한 미래를 탓하고 현재를 아파하며 절망한다. 잠시 쉬는 것조차 불안해하는 청춘들에게 하던 일을 멈추고 한 박자 쉬어가라고 권하고 싶다. 휴식으로 인해 힘을 얻었다면 무슨 일이든 한번 도전해 보는 것도 좋다. 젊을 때 겪는 시행착오는 남은 인생에 큰 자산이 될 테니까.

바람도 달짝지근한 봄날, 청주 무심천변에는 만개한 벚꽃으로 출렁인다. 수많은 인파 속에서 꽃잔치가 벌어졌다. 교복을 입은 대 여섯 명의 여학생들이 익살스러운 표정으로 사진을 찍고 있다. 싱그러운 웃음소리가 하늘 높이 날아오른다. 예쁘다! 멋을 내지 않아도 젊음은 그 자체만으로도 아름답다. 하얀 꽃송이와 어우러져 또 하나의 그림이 된다.

마음은 청춘인데 몸이 안 따라준다고 투덜대는 나도 오늘이 이렇게 눈부시게 빛나는 날인지 알지 못했다. 머지않아 기억력이 떨어지고 걷기조차 힘들어지면 '이렇게라도 살아야 하나?'하며 속상해하는 날이 올지도 모른다. 하지만 어느 하루도 눈부시지 않은 날이 없다고 하지 않던가! 나이 들어감을 두려워하지 말자. 인생 열차에는 왕복표가 없다. 떠나간 오늘은 다시 오지 않는다. 하고 싶은 일이 있거든 지금 당장 시작하자. 내일은 내 것이 안 될 수도 있다. 시간은 지금도 쉼 없이 가고 있다. 훗날 돌이켜 보았을 때 실패했다는 자책보다도 시작조차 않은 것을 더 후회하게 될지도 모른다. 어려웠던 시절의 고단한 일상도 추억이라는 이름으로 웃으며 이야기하는 날이 올 것이다. 시간이 흐른 뒤 나 자신에게 '너는 인생을 어떻게 살았느냐?'라고 묻는다면 내 삶도 이 정도면 괜찮았다고 당당하게 말할 수 있었으면 좋겠다.

바람이 분다. 꽃비가 내린다. 여기저기서 탄성이 터져 나온다. 꽃길을 걸으며 나도 영화 속 주인공이 되어본다. 마지막 장면은 해피엔딩이다. 벚꽃이 피고 지는 모습이 우리의 일생과 닮았다는 생각이 든다.

몸이 아파 거동하기도 힘들던 때가 있었다. 거실 소파에 기대앉아 유리창 너머로 하늘만 바라보다 밖으로 나오니 눈부신 햇살 아래 모든 게 싱그러웠다. 사람들 속에 내가 있는 것만으로도 행복했다. 살아있음에 감사해하며 하루하루를 열심히 살아야겠다고 생각했다. 아무렇지 않게 아침을 맞이할 수 있다는 것이 얼마나 고마운 일인지 알게 되었다. 하지만 점차 몸이 나아지고 시간이 지나면서 감사함을 잊고 사는 날이 많아졌다. 아무것도 아닌 일에 짜증 내고 불만을 늘어놓던 예전의 나로 돌아가는 것 같아 마음을 다잡는다. 온 세상이 하얀 벚꽃으로 눈이 부신 오늘, 오늘의 소중함을 배운다.

하늘을 본다. 지는 해가 멋진 그림을 선사하며 하루를 마무리한다. 살면서 이런 풍경을 놓치고 산 날이 얼마나 많았던가. 행복은 일상에서 구한다는 '소확행'이 주목받기 시작했다. 행복은 가까이에 있다. 주위에 있는 걸 모르고 무심코 지나쳤을 뿐이다. 널려있는 행복이 이제야 눈에 들어온다. 자연이 준 선물에 눈과 마음이 호사한 날이다. 오늘도 해피엔딩이다.

시장에서 세계를 보다

인터넷을 검색하다 '대한민국 속의 작은 세계, 경기도의 이태원'이라는 기사가 눈에 들어왔다. 집 근처 전철역에서 대여섯 정거장만 가면 되는 송탄의 '평택 국제중앙시장'이다. 색다른 풍경일 것 같아 호기심이 생겼다. 시장 구경을 좋아하는 나로서는 망설일 이유가 없었다. 편안한 옷차림에 운동화 끈을 동여매고 집을 나섰다. 조금 전까지도 나른하던 몸은 언제 그랬냐는 듯 가볍기만 하다.

시장 입구에 들어서자 '평택 국제중앙시장'이라는 한글 간판 위에 붙은 '헬로'라는 영어 인사가 여느 시장과는 다른 느낌으로 다가온다. 이곳은 60여 년 전, 미군 부대가 들어서면서 자연스럽게 시장이 형성되었다고 한다. 한글보다 영어 간판이 더 많이 눈에 띄고, 시장 한복판에 나란히 걸려있는 태극기와 성조기가 눈길을 끈다. 이곳은 우리의 전통과 이국적인 향기가 공존하는 시장이다. 인종과 국적을 넘어 다양한 민족이 어우러져 일상을 나누고 있다.

'가는 날이 장날'이라고 운 좋게, 주말마다 서는 '헬로 나이트마켓'이라는 장이 기찻길에서 열리고 있었다. 핑크색 포장마차가 길게 늘어서 볼거리, 먹거리를 제공하며 시장에 활기를 불어 넣고 있다. 이곳에서 가장 인상적인 것은 시장 입구를 가로지르는 철길이다. 송탄역에서 미군 부대로 이어지는 이 철길은 원래 부대 물품을 수송하던 통로였다고 한다. 그런데 지금은 한 달에 한 번 정도, 필요한 물자를 부대로 운송할 때만 이용되고 평소엔 보행로가 된다, 기차가 운행되는 시간에만 좁은 담과 담 사이에 있던 물건들이 치워지고 기찻길이 만들어진다니 재미있다. 철길 옆 담벼락에 그려진 벽화는 사진촬영의 명소가 되어 관광객들로 북적이고 있다. 기찻길 장터부터 본격적으로 시장 구경에 나섰나. 가판대 위에는 앙증맞은 아기 옷부터 수공예 장신구, 각종 민속품과 수제 과자까지 다양하게 펼쳐져 있다. 재미있는 구경거리가 무궁무진하게 널려있다. 각 나라의 생소한 음식들은 눈으로, 냄새로 사람들을 유혹한다. 피부색이 다르고 언어가 달라도 사람 사는 모습은 비슷하다.

부대 앞에는 야구모자, 밀리터리룩, 사이즈가 큰 옷을 파는 상점이 많고, 기념품 가게엔 우리의 전통 민속품과 소품들이 다양하게 진열되어 있다. 그리고 기성복에 밀려 거의 사라진 양복점이 많은 것도 신기하다. 몸집이 커서 옷 사 입기가 불편한 미군들을 위해 한국인이 운영하는 맞춤양복점이 하나, 둘 생기다 보니 지금에 이르렀고, 서로 상생하며 이 시대를 살아가고 있다고 한다. 노천카페에서 여유를 즐기는 사람도 거의 외국인이라 내가 해외에 여행 온 것 같은 착각이 든다.

이국적인 시장 왼편에 있는 전통시장으로 향했다. 이곳은 건물과 건물 사이가 모두 길이 되고 골목마다 각자의 색깔이 있다. 떡집, 기름집, 채소가게, 반찬가게 등 낯익은 풍경이 보인다. 역사가 느껴지는 골목시장이다. 요즘은 오랜 한국생활로 입맛이 바뀐 외국인들이 우리의 전통시장을 많이 찾는다며 깻잎, 김, 감자조림은 미군들이 좋아하는 반찬이라고 아주머니가 살짝 귀띔을 해준다. 이 시장에 오면 꼭 먹어봐야 할 것이 두 가지가 있단다. 햄버거와 부대찌개다. 줄 서서 기다려야 먹을 수 있다는 햄버거 가게 앞에 나도 기꺼이 줄을 섰다. 드디어 내 차례다. 은박지에 싸여 나온 큼지막한 햄버거엔 달걀과 양배추가 들어있다. 옛날에 먹었던 맛이라 추억까지 들어 있어 더 맛있다. 그리고 미군 부대에서 소시지, 햄 등 남은 식품이 부대 밖으로 나올 수 있게 되자 그 재료로 끓여 만들기 시작했다는 유명한 부대찌개는, 식당 앞 좁은 골목에 길게 늘어선 줄을 보는 것으로 만족하며 다음을 기약했다. 혼자서 장 구경하는 재미도 쏠쏠하다. 그런데 군데군데 문 닫은 곳이 보여 안타깝다. 재래시장을 찾는 사람이 점점 줄어들고 있기 때문이다. 다행히 우리의 젊은 상인들이 옛날의 명성을 되찾기 위해, 시장 살리기에 나섰다니 고마운 일이다. 하루빨리 전통시장이 활성화되어 이곳을 찾은 사람이면 꼭 들려가고 싶은 곳으로 거듭나길 기대한다.

길거리 한복판에 이어진 이동식 핑크 포장마차에선 우리의 튀김과 떡볶이, 터키의 케밥과 양 꼬치 등 맛있는 냄새가 후각을 자극하며 관광객을 붙잡는다. 이국적인 분위기와 다국적 음식이 가득한 시장에서 나는 문득, 다른 나라 먹거리에 우리의 김치가 곁들여진다면 독특한 맛으로 세계인의 입맛을 사로잡을 수 있지 않을까? 라는 생각이 들었다. 우리의 김장문화는 2013년 12월, 유네스코 인류 무형 유산에 등재되어 세계가 인정하는 자랑거리가 되었다. 김장 문화엔 화합과 나눔의 의미가 담겨있다. 언젠가 TV에서 똑같은 앞치마를 입고 머릿수건을 두른 사람들이 모여서 함께 김치 담그는 모습을 본 적 있다. 올겨울 이 시장 한복판에서 다국적 사람들이 어우러져 김장 담그기 행사를 한다면 얼마나 좋을까! 우리의 김치로 세계가 하나 되는 모습을 그려본다. 서로에게 마음을 열고 모두가 친구 되어 소통하고 화합하는 모습을 이 작은 시장에서 보고 싶다.

노란 머리의 꼬마 숙녀가 태극기 아래서 환하게 웃고 있다. 나는 오늘도 시장에서 까만 봉지에 행복을 꾹꾹 눌러 담아, 양손에 가득 들고 집으로 돌아왔다.

놀멍 쉬멍, 고사리꺾으멍

김장매트와 채반을 차에 싣는다. 남편이 무슨 말을 하려다 만다. 여행 갈 땐 최소한의 짐만 챙겨 떠나는 사람이다. 줄이고 줄였는데 웬 짐이 이리 많은지 슬쩍 남편 눈치를 본다. 제주도에서 한 달 동안 지낼 생활용품이 크고 작은 박스에 담겨 차에 실린다.

일 년 만이다. 노란 유채꽃도, 푸른 바다도 그곳 그 자리에서 나를 반긴다. 제주의 봄은 여전히 가슴을 뛰게 한다. 작년 이맘때, 남편의 은퇴 기념으로 제주도에서 한 달 살기를 하였다. 놀멍, 쉬멍, 자연 속에서 여유를 즐기며 자유를 만끽했다. 하지만 못 해본 것에 대한 아쉬움이 남았다. 이번엔 꼭 해보리라 생각하니 마음이 설렌다.

봄이 되면 제주에는 색다른 풍경이 펼쳐진다. 차를 타고 가다 보면 도로 갓길에 세워져 있는 많은 차를 보게 된다. 그곳에는 어김없이 고사리 꺾는 사람들이 있다. 떠나기 전에 인터넷을 검색하여 고사리에 대한 정보를 수집했다. 밤새 이슬 먹은 고사리를 이른 아침에 꺾고, 낮 동안 햇볕 보고 쑥쑥 자란 고사리는 오후에 다시 꺾을 수 있다고 한다. 제주도 고사리가 맛이 좋다고 알려지면서 고사리를 채취하러 오는 봄철 관광객이 증가하였다고 한다. 제주도의 들판은 아침부터 저녁까지 고사리 꺾는 사람들로 분주하다. 그러니 오후까지 좋은 고사리가 남아있기란 쉽지 않다.

우리도 아침 일찍 서둘러 집을 나섰다. 벌써 갓길은 주차장을 방불케 한다. 하지만 아무리 둘러봐도 그 흔하다던 고사리는 도무지 눈에 띄지 않는다. 드디어 가시덤불 속에서 부끄러운 듯 고개를 숙이고 있는 솜털 보송보송한 고사리를 발견했다. 주먹 쥔 아기 손같이 앙증맞고 귀엽다. 허리를 구부려 꺾고 나서 고개를 들어 주위를 둘러보니 그제야 하나, 둘 보이기 시작한다. 자세를 낮춰야 보이는, 겸손한 이에게만 허락된 고사리다. 앉았다 일어섰다를 반복하다 보면 현기증도 나고 머리도 아프지만 멈출 수가 없다. 허리를 구부린 횟수만큼 앞치마 주머니가 빵빵하게 채워지니 나는 어느새 배불뚝이가 된다. 어떤 놀이가 이보다 더 재미있을 수 있을까!

고사리를 찾기 위해 땅만 보고 걷다 보면 평소 무심코 지나치던 자연 속에서 많은 것을 볼 수 있다. 요즘 보기 드문 할미꽃도 있고, 마른 나뭇가지에서 꽃을 피워낸 찔레꽃의 강인한 생명력엔 탄성이 절로 나온다. 자연은 자기 자리에서 묵묵히 제 할 일을 하며 주위와 어우러져 살고 있다. 느릿느릿 걸으며 널려져 있는 행복을 줍는다.

해마다 봄이 되면 고사리를 꺾으러 나섰다가 길을 잃었다는 뉴스를 자주 접하게 된다. 고사리 찾기에 열중하다 보면 함께 간 일행도 놓치고 자신이 어딘지도 모르는 곳에 와 있다고 한다. 나도 경험을 했다. 뒤따라오던 남편이 보이지 않는다. 당황하여 휴대폰으로 전화를 해보지만 어디라면 내가 알 수 있겠는가. 저만치서 무성한 덤불을 헤치고 손을 흔들고 있는 모습이 보인다. 그제야 가슴을 쓸어내린다. 부부 싸움을 했더라도 다 용서가 될 수 있을 것 같은 반가움이다.

"어디 있어?" "여기요." 어디선가 고함소리가 들린다.

"저 사람들도 집에서는 서로에게 관심조차 없다가, 아마도 길 잃은 줄 알고 놀라서 서로를 애타게 찾는 우리 부부 같은 사람일 거야."

내 말에 남편이 크게 웃는다.

어느 날, 차에서 내려 사람들이 많이 있는 곳으로 가려는 우리를 제주도 말씨의 아줌마가 불러 세웠다. 반대편에 좋은 고사리가 많다며 그쪽으로 더 들어가 보란다. 고맙다고 거듭 인사를 하고 가르쳐준 데로 가보니, 들판엔 굵고 오동통한 고사리가 지천으로 널려 있다. 좋은 고사리가 있는 곳은 며느리에게도 알려주지 않는다는 말이 있다고 들었던 터라

'이렇게 좋은 곳을 왜 우리에게 알려 주지? 나라면 어떻게 했을까?'생각해 본다. 더불어 사는 세상에서 나눔의 기쁨을 같이하고, 함께 살아가는 법을 배운다. 배낭에 꾹꾹 눌러 담은 고사리 양만큼 마음도 풍성하고 행복도 그득하다.

집에 와도 할 일이 많다. 검불을 골라내고 고사리를 삶는다. 채반에 건져 물기 뺀 고사리는 볕 좋은 마당에 야심차게 준비해 간 김장매트를 펴고 넌다. 때맞춰 불어오는 바람이 고맙다. 처음엔 고사리를 널어놓고 외출했다 돌아오니 제법 많았던 게 한 줌밖에 되지 않아 바람에 날아간 줄 알고 한참을 찾았다. 밖에 나가도 언제 올지 모르는 비 때문에 여간 신경이 쓰이는 게 아니다. 제주도에는 4월과 5월 사이에 비가 자주 오는데, 그 비를 '고사리 장마'라고 한다. 비가 오고 나면 고사리는 훌쩍 자라, 사람들을 들로 산

으로 불러낸다.

한 이틀 햇볕에 잘 말린 고사리는 이웃과 나눠 먹을 생각에 보기만 해도 기분이 좋다. 은근 중독성 있는 고사리 꺾기는 힘은 들지만 다시 찾아 나서게 되는 마력이 있다. 고사리를 꺾으며 자세를 낮춰 오만함은 버리고, 몸을 숙여 겸허히 사는 법을 배운다.

제주의 봄을 온몸으로 느끼며 두 번째 쉼표도 커다랗게 찍고 왔다. 남편은 다음엔 제주도의 가을을 보러 가자고 한다. 하지만 봄이 오면, 나는 고사리의 유혹에 다시 떠나고 싶어 몸살을 앓을 것이다. 벌써부터 마음이 들썩인다.

힘차게 비상하라

아침 일찍 눈이 떠졌다. 휴대폰의 알람이 울리려면 아직 두 시간이나 남았다. 이불 속의 느긋함을 즐겨도 좋으련만 갈등 없이 자리에서 벌떡 일어났다. 창문을 열고 하늘을 보며 날씨부터 살핀다. 오늘 날씨 맑음이다. 충북 제천으로 문학기행 가는 날이다. 어제 저녁 가방을 싸는 순간부터 여행은 시작되었다. 길 떠남은 설렘이다.

약속 장소에 도착하니 빨강, 파랑 옷을 입은 문우들의 표정이 옷 색깔만큼이나 밝다. 달리는 차 창 너머로 꽃비가 흩날린다. 벚꽃이 흐드러지게 핀 길을 달려 청풍 호수가 한눈에 내려다보이는 고즈넉한 마을에 도착했다. 전국 유일의 솟대 테마공원인 능강 솟대

문화공간이다. 현대적인 조형물로 재구성한 수백여 점의 솟대가 날갯짓을 하며 우리를 반긴다.

들에는 할미꽃, 매발톱꽃, 금낭화 등 수많은 야생화가 피어있어 하늘을 향해 비상하고 있는 기러기와 조화를 이루며 근사한 풍경을 연출한다.

안으로 들어서니 '솟대는 우리 인간의 꿈을 이루기 위한 하늘을 향한 희망의 안테나입니다.'라는 글귀가 눈에 들어온다. 솟대 조각가 윤영호 님의 설명을 들으며 작품을 감상했다. 나무를 구해 다듬어서 완성하기까지의 정성이 작품 하나하나에 고스란히 담겨 있다. 전시관에는 많은 사람의 소망을 담은 메시지가 나뭇가지에 주렁주렁 매달려 하늘로 전해지길 기다리고 있다. 희망을 품은 솟대, 하늘과 교신하고 있는 솟대를 보다가 요즘 청년들을 떠올렸다. 한때, 젊은이들 사이에선 취업이 어려워지자 연애, 결혼, 출산을 포기한다는 의미의 삼포 세대라는 신조어가 유행했다. 거기에 인간관계와 내 집 마련도 포기할 수밖에 없다며 오포 세대라는 말이 생기더니, 지금은 꿈과 희망까지 포기한 칠포 세대라고 한다. 참으로 안타깝고 답답하다.

두 해 전 일이다. 결혼한 아들이 2년 만에 전세금이 사천만 원이나 올랐다며 대출이라도 받아서 집을 사는 것이 낫겠다고 투덜

댔다. 치솟는 전세금과 물가는 하늘 높은 줄 모르는데, 얄팍한 월급봉투는 제자리걸음이니 어깨를 짓누르는 중압감은 말해 무엇하랴.

어느 날, 돌아가신 외할머니가 꿈에 나타나 이런저런 이야기를 하다가 숫자 몇 개를 말해주고 가셨단다. 잠에서 깼는데 너무나 또렷하게 숫자가 생각나서 대박을 기원하며 부랴부랴 로또를 샀다고 한다. 희망에 부풀어 며칠을 지냈는데, 어쩌면 그렇게 번호 한 개도 안 맞느냐며 "에이, 할머니한테 속았어." 하여 같이 웃은 적이 있다. 차라리 대출이라도 받아 집을 살까? 그냥 올려 주고 2년을 더 살아야 하나? 제 딴에는 고민이 많았던 모양이다.

비싼 전세금을 더 얹어주고 그 집에서 두 해를 더 살더니, 며칠 전 새집을 마련해 이사를 했다. 모자란 건 몇 달 후에 예금 만기 되는 게 있으니 갚을 수 있다며….

마냥 어린애 같았던 아들이 대견했다. 키 작고 철부지 같은 아들이 장가나 갈 수 있으려나 걱정했는데, 다행히 짝을 만나 결혼을 했고, 얼마 전엔 아기를 낳아서 나도 할머니가 되었다. 이 어려운 시대에 부모 걱정을 덜어주었으니 고마운 일이다.

요즘 젊은이들은 꿈과 희망이 없다는 말을 자주 한다. 비싼 등록금 때문에 아르바이트하랴, 공부하랴, 시간이 모자라 대학 생활의

낭만은 꿈도 못 꾼다고 한다. 즉석 밥이나 인스턴트식품으로 끼니를 때우고, 옥탑방이나 반지하에서 쪽잠을 자는 청년이 수두룩하다. 어렵게 졸업을 해도 일자리 잡기가 쉽지 않다. 그러니 칠포 세대라는 말이 생기고, 어떤 부모를 만나느냐에 따라 금수저, 흙수저라는 자조 섞인 이야기까지 하게 되는 현실이 슬프고 안타깝다. 그렇다고 정부나 사회만 탓하고 있기엔 시간이 너무 아깝다. 시작도 하기 전에 포기하는 것은 어리석은 일이다.

젊음은 가장 큰 자산이다. 도전할 수 있는 용기와 열정만 있다면 그들의 미래는 밝다. 도전하는 젊음은 아름답다. 저절로 되는 것은 없다. 준비된 사람만이 오는 기회를 잡을 수 있다.

힘이 들 땐 잠시 쉬는 것도 괜찮다. 쉼은 더 높이, 더 멀리뛰기 위한 도움닫기다.

기러기가 힘찬 비상을 하고 있다. 모두가 잘 사는 세상을 꿈꾸며 희망의 메시지를 하늘로 날려 보낸다.

기차표 두 장

천안 망향휴게소에 들렀다. 어디선가 들려오는 귀에 익은 노랫소리를 따라가 보니 반가운 얼굴이 보였다. 따가운 햇살을 조그만 파라솔 하나로 가리고 의자에 앉아 노래를 부르는 사람은 '수와 진'의 가수 안상수 씨였다. 심장병 어린이를 돕기 위해 이십칠 년째 거리에서 나눔의 노래를 부르는 사람, 감미로운 목소리도 사랑을 전하는 마음도 옛날 그 모습 그대로였다. 명동거리에서 들었던 사랑의 노래를 이곳에서 다시 듣게 될 줄이야. 가만히 있어도 숨이 턱 막힐 것 같은 무더운 여름에 셔츠가 땀에 흠뻑 젖은 채 진심을 담아 노래하고 있었다. 사랑으로 부르는 노래는 듣는 이에게 감동을 준다. 마음을 울리는 음악은 그래서 더 아름답다. 그동안 천여

명의 심장병 어린이가 그의 도움을 받았다고 한다. 검게 그을린 얼굴의 천사가 바로 그곳에 있었다. 엄마 손을 잡은 어린이도, 인자한 미소를 띤 할머니도 모금함에 사랑을 넣으며 마음이 하나가 되었다. 나도 기쁜 마음으로 조그만 정성을 보탰다.

문득, 오래전 기억이 어제 일처럼 새록새록 떠올랐다.

그해 겨울은 참으로 추웠다. 두세 겹 껴입은 옷 사이로 차가운 바람이 가슴속까지 파고들었다. 나는 겨우내 가라앉은 기분을 끌어올리지 못하고 가슴 앓이를 하고 있었다. 결혼과 함께 한 남자의 아내로, 한 아이의 엄마로 가정이라는 울타리 안에서 자그마한 행복을 느끼며 살았다. 그런데 모든 것이 시들해지기 시작했다. 하고 싶은 것도 많았고 해야 할 일도 많은 것 같았다. 밥 짓고 빨래하고 청소하는 반복적인 일상에 회의가 느껴졌다. 서점에는 성공한 여성의 자서전이 베스트셀러가 되어 당당하게 시선을 끌고 있는데 나만 저만치 뒤처져 있다는 생각에 속이 상했다.

그때, 나를 끌어올린 것은 서울행 기차표 두 장이었다. 학교에서 돌아온 5학년짜리 아들 녀석이 기차표 두 장을 슬그머니 내밀었다. 어리둥절해하는 나에게 엄마랑 단둘이 기차여행을 하고 싶단다. 어릴 적 소풍 전날 잠 못 이루며 몇 번씩이나 밤하늘을 쳐다보던 그 기분을 오랜만에 느꼈다.

"당신은 좋겠수, 재미있게 다녀와요."

남편이 부러움과 함께 건네주는 두둑한 용돈을 행여 잃을세라 가방에 꽁꽁 챙겨 넣고 우린 연인처럼 팔짱을 끼고 집을 나섰다. 뺨을 스치는 바람이 더없이 상쾌했고 하늘도 어제 본 그 칙칙한 하늘이 아니었다. 어디로 갈까 고민하던 우리는 의기투합하여 명동으로 향했다.

추운 날인데도 명동은 많은 사람들로 북적였다. 휴일이라 모두 밖으로 나온 듯했다. 젊음이 있고 패션이 있고 먹거리가 있는 그곳은 활기가 넘쳤다.

좌판에는 알록달록 각종 장신구가 멋스럽게 진열되어 있고 떡꼬치, 핫바, 소시지 등 길거리 음식을 파는 곳은 기다리는 사람들로 줄을 이뤘다. 젊음의 거리는 생기로 꿈틀거렸다. 나도 사람들과 부딪히며 세상의 한가운데 서 있었다. 그리고 그곳에서 사랑을 보았다.

명동 한복판에서 노래로 사랑을 전하는 사람이 있었다. 심장병 어린이를 돕기 위해 추운 날씨에도 아랑곳하지 않고 열창하는 수와 진이라는 가수였다. TV에서 보던 사람을 그곳에서 보게 되니 신기하기도 하고 더 멋있어 보였다. 많은 인파 속에서 노래는 아름다운 새가 되어 훨훨 날아다녔다.

이런 따뜻한 마음을 가진 사람이 있기에 세상은 살아볼 만한 것이리라. 우리도 모금함에 작은 정성을 넣으며 더불어 사는 사회에서 어떻게 살아가야 하는지를 배웠다. 이렇게 따뜻한 세상인데, 할 일이 많은 세상인데 공연히 투덜대기만 하던 나 자신이 부끄러웠다.

돌아오는 길에 아들에게 어떻게 기차여행을 생각했는지 넌지시 물었다.

"내가 누굽니까, 엄마 아들이잖아요."

그 말은 내 기분을 이해한다는 말로 들렸다.

그래, 아들아! 많이 컸구나.'

아들과 단둘이 떠난 여행은 남편과 함께한 여행과는 또 다른 즐거움이었다. 그리고 무엇보다 나를 찾은 여행이었다. 자꾸 안으로 움츠러들기만 하던 나를 밖으로 나오게 했다. 이젠 억울할 것도 초소할 것도 없다.

많은 시간이 흘렀다.

오랜만의 나들이에서 생각지도 못한 반가운 만남은 지나간 시절의 한 자락을 추억하게 했다. 그리고 지금의 나를 되돌아보게 했다.

아직도 그때의 기차표 두 장의 온기가 손바닥에 남아있는 듯하다.

내가 미쳤어

'내가 무슨 짓을 한 거야?'

입술이 마르고 가슴이 콩콩 뛰었다.

수비 문학회 동계 세미나가 전북 부안에서 열렸다. 시상식과 문학 특강이 끝나자 뒤풀이로 지역별 장기 자랑이 시작되었다. 무대에 오른 출연자들이 볼에 빨간 치장을 하고 머리에 꽃을 꽂은 채 노래에 맞춰 춤을 추자 분위기는 한껏 달아올랐다. 우리 팀도 한번 나가보자며, 뒤에서 전폭 지원하겠다는 부추김에 나는 얼떨결에 마이크를 잡게 되었다. 가사도 가물가물 잘 기억하지 못하면서 화면에 자막이 나올 거라는 말만 믿고 노래하겠다고 나섰으니, 도대체 어디서 그런 용기가 났는지…. 아마도 그건 순전히 분위기 탓이었던 것 같다. 아무 준비도 없던 우리 팀은 즉석에서 선글라스까지 빌려 쓰는 열정을 보이며 백댄서를 구성했다. 노래에 맞춰 우왕좌왕 안무 연습을 하면서 한바탕 웃음판이 벌어졌다. 그러나 나는 그 흥겨운 잔치를 즐길 수가 없었다. 다른 팀의 노랫소리는 귀에 들어오지도 않았고 입이 바싹바싹 말라 연신 물만 들이켰다. 그리고 혼자 중얼거렸다. "내가 미쳤어!"

문득, 예전에 어느 여가수가 불렀던 노래 한 소절이 떠올랐다.

'미쳤어, 내가 미쳤어.'

무식하면 용감하다고 했던가? 후회했지만 이미 엎질러진 물이었다.

그 옛날 내가 다닌 초등학교에서는 해마다 전교생이 모인 강당에서 콩쿨대회를 개최했다. 나는 방과 후 교실에 남아 선생님의 풍금 소리에 맞춰 노래 연습을 하곤 했다. 그때 반 대표로 많은 사람 앞에서 노래 부른 기억을 위안 삼아 한번 해 보겠다고 나섰지만, 그게 언제 적 이야기인가. 지금은 노래할 자리가 생기면 "제가 변성기를 잘못 보냈어요."라며 농담 섞어 사양한다.

차례를 기다리는 동안 가슴은 연신 방망이질을 해냈다. 빨리 지나갔으면 하는 마음뿐이었다. 오랜 기다림 끝에 맨 마지막으로 우리 팀이 호명되었다. 쭈뼛쭈뼛 무대로 올라갔다. 은빛 머리의 노스승님도 옆에서 힘을 실어 주셨다. 행여 실수라도 할까 봐 자막만 뚫어져라 쳐다보고 노래 부르기에 급급했던 나는 어떻게 그 순간이 지나갔는지 도통 기억나지 않는다. 우리 팀이 어떻게 안무를 했는지 쳐다볼 경황도 없었다. 박수 소리가 들리고 나서야 끝났다는 안도감에 그제야 수많은 관객이 눈에 들어왔다. 부끄러워 어쩔 줄 모르는 나와는 달리 팀원들은 무척 즐거워했다. 좋은 추억이 될 거라며 내게 수필 한 편 써보라는 말에 나는 천연덕스럽게 "만약 글을 쓰게 된다면 제목은 정했어요. 〈내가 미쳤어〉예요."라고 능청을 떨었다. 그런데 정말 이걸로 지금 글을 쓰고 있다. 살다 보면 예상치 않은 일이 얼마든지 생긴다. 생각지도 못한 일에 웃고, 뜻하지 않은 일에 울며 하루를 살아간다. 몸살로 인해 출발하는 날까지 세미나에 '참석해야 하나 말아야 하나?' 갈등하다 온 내가 여러 사람 앞에서 이렇게 대형 사고를 치게 될 줄 생각이나 했겠나!

그래, 가끔은 무모해도 괜찮다. 용기가 필요할 때도 있다. 지금은 얼굴이 화끈대지만, 살면서 웃고 추억할 수 있는 이야기 하나쯤 만드는 것도 괜찮다는 생각이 들었다. 먼 훗날, 이날을 생각하며 미소 짓는 날이 올 것이다. 지나간 것은 아름답다고 하지 않던가.

얼마 전, 정년퇴직한 남편과 '제주도 한 달 살기'를 하고 왔다. 걷기를 별로 즐기지 않는 우리 부부지만 한 달씩이나 있는데, 그래도 한라산은 한 번쯤 올라가 봐야 하지 않겠냐는 생각에 마음이 통했다. 오르기는 힘들어도 경치가 좋다기에 영실코스 등반을 계획했다. 며칠째 심하게 불던 바람은 어디론가 숨어버렸고 우리를 응원하듯 날씨도 화창했다. 산을 오르며 본 풍경은 내가 생각했던 그림이 아니었다. 나무로 빽빽하게 둘러싸인 산길을 예상했는데, 들판처럼 펼쳐진 탁 트인 전망이 가슴속까지 시원하게 해주었다. 해발 1,700m 윗세오름 대피소까지 왕복 세 시간 거리를 쉬엄쉬엄 다섯 시간이 걸렸다. 산 중턱에 걸터앉은 구름을 보면 우리도 쉬었다 가고, 물을 마시는 노루를 보면 우리도 앉아서 목을 축였다. 아름다운 경치에 반해 오르다 보니 힘든 줄도 몰랐다. 나보다도 더 걷기 싫어하던 남편이 다음 목표는 백록담이란다. 왕복 여덟 시간쯤 걸린다고 하니 우리는 새벽에 출발해서 온종일 걸어서 한밤중에나 도착할 것 같다며 함께 웃었다. 백록담 등반을 할 수 있을지는 아직 모르겠다. 그래도 꿈이 있다는 건 얼마나 행복한가. 또 혹시 아나? 어느 날, 백록담 산행을 마치고 기진맥진해 내려오면서 "내가 미쳤어."를 기분 좋게 흥얼거리고 있을지.

육십의 문지방을 넘어섰다. 아무것도 해 놓은 게 없는데 시간은 뭐가 그리 급한지 걷지도 않고 뛰어서 갔다. 남 앞에 나서기엔 쭈뼛거려지고, 이제 뭔가 해보기엔 부담스러운 나이인 줄 알았다. 선

택의 순간에 망설인 경우도 많았다. 그런데 이곳에서 뜨거운 열정으로 꿈을 찾는 사람들을 만났다. 당당하게 나이 드는 모습은 아름답다. 삶은 계획한 대로 흘러가지 않는다. 내가 만들어 가는 것이다. 해보기도 전에 포기하는 것은 어리석은 일이다. 하고 싶은 일이 있다면 망설이지 말고 지금 당장 시작해야겠다. 이제 초조하거나 두렵지 않다. 용기 있게 도전하며 살고 싶다. 비록 '내가 미쳤어.'하고 또 후회하게 될지라도.

벨롱장에서 만난 행복

제주 세화해변 방파제 앞에 '벨롱장'이 섰다. 매주 토요일, 두 시간 동안만 열리는 반짝 프리마켓이다. 야외다 보니 비가 오거나 강풍이 부는 날은 장이 서지 않는다. 장소는 벨롱장 공식 채널을 통해서만 알 수 있는데, 언제 공지가 뜰지 모르니 부지런히 손품을 팔아야만 볼 수 있는 장이다. 밤새 요란스레 불던 바람도 어디론가 숨어버렸다.

이번 주 벨롱장은 바다 물빛이 맑고 투명한 세화해변에서 열렸다. 눈이 시리도록 파란 바다를 배경으로 방파제 앞에 양쪽으로 길게 늘어선 장터를 보는 순간 마음이 마구 설렌다. 바다를 좋아하고, 장 구경을 좋아하는 나로서는 횡재한 기분이다. 좌판을 펴는 자리가 바로 점포가 되고, 세상에 하나뿐인 수공예품이 바다 마당에 펼쳐진다. 지역주민과 여행객이 함께 어우러져 즐기는 낭만 장터다. 제주도에 가면 꼭 가보리라 마음먹었던 곳이다.

주인의 기발한 아이디어와 감각으로 만들어진 독특한 제품들이 제주 이야기를 담고 매대 위에서 뽐내고 있다. 바닷물에 떠밀려온 나뭇가지와 조개껍데기도 멋진 작품으로 재탄생되어 지나가는 사람들의 발길을 붙잡는다. 앙증맞은 손뜨개 인형부터 해녀가 그려진 머그컵, 가죽공예 목걸이, 조개 반지까지 아기자기한 소품과 액세서리들이 여행자의 마음을 훔치며 기꺼이 지갑을 열게 한다. 북적이는 사람들 틈에서 마음에 꼭 든 물건이라도 발견하게 되면 반가움에 마음이 콩닥거린다. 여차하면 놓치기 쉬우니 눈도 손도 빨라야 내 것이 된다. 바닷바람을 맞으며 장 구경하는 재미가 쏠쏠하다. 손수 만든 공예품을 바닥에 펼쳐 놓고, 기타 치며 노래하는 청년들의 얼굴엔 행복이 묻어있다. 바다 앞마당은 어느새 즉석 공연장이 되어, 라이브 음악도 있고 펜터마임도 즐기는 축제장으로 변한다. 흥과 정을 펼쳐놓은 바다 장터는 즐거움과 행복으로 철썩인다. 물건을 파는 사람도 사는 사람도 여유롭게 자유를 즐긴다. 남보다 한 걸음 앞서가야 마음이 놓이고, 빨리빨리를 입에 단 채 쫓기듯 사는 요즘, 한 박자 쉬어가는 여유를 배운다.

사람 냄새 폴폴 나는 오일장과는 또 다른 매력이 있는 이색 장터 구경은 내게 색다른 경험이다. 벨롱장엔 젊음과 열정이 있다. 자기 일에 자부심을 갖고 열심히 사는 젊은이들의 모습은 신선한 감동을 준다. 살면서 자기가 하고 싶은 일을 하며 사는 사람이 과연 얼마나 될까? 정성 들여 만든 자신의 작품을 다른 사람이 좋아하고 인정해 주는 것만큼 더 큰 기쁨은 없을 것이다. 일이 아니라 취미생활을 하는 듯 즐거워 보이는 표정에서 행복이 전해져온다. 나도 제주 바다를 품은 조가비 팔찌 하나 사서 손목에 차고, 즉석에서 구운 문어 꼬치를 입에 무니 행복이 별건가 싶다. 요즘 '소확행'이라는 말이 유행이다. 소소하지만 확실한 행복, 내가 바라는 삶이다.

이제 막 걸음마를 시작한 손자 녀석의 넘어질 듯 뒤뚱거리는 모습에 웃음 짓고, 아침 일찍 저수지를 삼켜버린 물안개를 아파트 베란다에서 볼 수 있어 행복하다. 삽사기 전화해도 언제든 달려 나와 속내 나눌 수 있는 삼십 년 지기 친구가 이웃에 사는 것도 좋고, 가족이 그럭저럭 별 탈 없이 지내는 것도 그저 감사하다. 행복은 멀리 있는 게 아니라 가까이 있다. 일상에서 수없이 마주치면서도 알아보지 못하고 그냥 지나쳤을 뿐이다.

나는 오늘 물빛 고운 세화 바다의 벨롱장에서 행복을 만났다.

'벨롱'은 '반짝이다'의 제주 방언이다. 불빛이 멀리서 반짝이는 모양이라는 뜻이란다. 벨롱장은 이름처럼 두 시간 동안 반짝 나타났다 사라지는 마법의 장이다. 장이 설 시간이면 어디에서 오는지 수많은 사람이 몰려들어 북적대다가 시간이 지나면 다들 어디론가 사라진다. 해안도로는 다시 예전의 한가로운 모습으로 돌아간다. 마치 아무 일도 없었다는 듯.

'내가 뭘 본 거지?' 잠시 꿈이라도 꾼 기분이다.

사람들이 밀물처럼 왔다가 썰물처럼 빠져나간 자리엔 고운 모래와 두고 간 행복이 반짝거린다. 주위를 맴돌던 갈매기는 날개를 접고 쉬고 있다. 바다는 다시 여행자들을 유혹한다.

바닷물이 들어왔다가 다시 빠져나간다.

힐링여행

휴가철이라 기차표 구하기가 하늘의 별 따기다. 벌써 두 달 후까지 예매가 끝났다. 혹시 취소한 게 있을까 해서 매일 컴퓨터를 클릭한 끝에 어렵게 '백두대간 협곡열차' 두 장을 손에 쥐었다. 분천에서 철암까지 하루 세 차례 왕복 운행하는 세 칸짜리 진분홍색 열차를 타기 위해 설레는 마음으로 남편과 길을 나섰다.

푸르다. 산과 들은 온통 푸름으로 가득하다. 차창 너머로 한 폭의 그림이 펼쳐진다. 밭에는 빠알간 고추가 수렁주렁 매달려 있고, 담 위엔 애호박이 앙증맞게 걸터앉아 있다. 나뭇가지에 메달린 파릇한 사과는 손을 내밀면 닿을 듯이 다가오고, 논에는 연둣빛 벼가 바람에 넘실대며 여름의 끝자락을 붙잡고 있다.

갑자기 빗방울이 후드득 떨어지더니 앞이 보이지 않을 정도로 소나기가 퍼부어댄다. 잠시 뒤 언제 그랬냐는 듯 날이 활짝 갰다. 산허리를 휘감고 도는 구름이 신비롭다.

한참을 자동차로 달려 분천역에 도착했다. 스위스 체르마트역과 자매결연을 한 분천역은 스위스 전통 목조 가옥의 모습을 본 떠 작지만 예쁘게 꾸며져 있다. 창문에 드리워진 빨간 체크무늬 커튼과 편지를 넣으면 100일 후에 받아 볼 수 있다는 노란 우체통이 산뜻하게 우리를 맞는다. 조용하던 작은 산골 마을은 협곡열차가 다니면서 북적이게 되었다. 열차가 도착하면 관광객들을 위한 먹거리 장터가 활기를 띤다. 주민들은 넉넉한 인심을 얹어 한 끼 음식을 대접하며 지나가는 사람을 불러 세운다. 분천역은 이제 새로운 여행이 시작되는 설렘 가득한 역으로 거듭나고 있다.

열차가 움직인다. 출발이다. 진달래꽃이 내려앉은듯한 진분홍빛의 예쁜 기차는 시속 30km로 천천히 굽이굽이 비경 위를 달린다. 천장에 매달려 돌아가는 선풍기와 열려있는 창문으로 들어오는 시원한 바람으로 가슴속까지 상쾌하다. 터널을 지날 때면 천장에서 야광스티커가 빛을 발하며 동심의 세계로 이끈다. 기차 중앙엔 옛날에 난방용으로 쓰였던 목탄 난로가 놓여있고, 비둘기호를 생각나게 하는 의자와 접이식 승강문이 여행의 재미를 더해준다.

옛날 완행열차 타고 외할머니 댁에 가던 어린 시절이 떠올라 가슴이 따뜻해진다.

덜커덩- 덜컹, 기차는 자연의 아름다움을 만끽하며 계곡과 산골오지 마을을 느릿느릿 지나간다.

'하늘도 세 평, 꽃밭도 세 평'이라는 승부역에 도착했다. 산으로 둘러싸여 열차가 아니면 갈 수 없었던 가장 외진 곳에 있는 간이역이다. 주변 지형이 험해 승용차로는 접근하기 어려운 첩첩산중에 묻혀 있던 이역은 눈꽃열차가 운행되면서 세상에 알려졌고 지금은 협곡열차의 정차역이 되었다. 열차가 잠시 정차할 때마다 관광객들을 위한 번개장터가 열렸다가 사라진다.

기차도 달리고 기분도 따라 달리다 보니 양원역에 도착했다. 양원역은 우리나라에서 가장 작은 간이역이다. 옛날에는 열차가 서지 않아 이웃 마을까지 걸어가서 기차를 타야 했던 마을 주민들이 시멘트를 사서 삽과 괭이로 대합실을 직접 지어 기차를 정차하게 하였다고 한다. 무심코 지나치면 역인 줄도 모를 것 같다. 작은 대합실 양쪽으로 구불거리는 막대기에 쓪아 놓은 태극기가 모두를 미소 짓게 한다. 잠시 기자가 정차하면 주민들은 농사지은 풋고추, 나물, 찐 감자와 옥수수 등을 갖고 나와 파는데 금세 동이 났다. 사람조차 드문 시골 간이역에 모처럼 시끌벅적 웃음꽃이 핀다.

경치에 취해 낙동강 협곡을 따라 달리다 보니 어느새 종착역 철암에 도착했다. 철암은 시간이 멈추어 버린 듯한 검은 도시였다. 철암역은 태백지역의 무연탄을 전국 각지로 보내는 역할을 했던 곳이어서 지금도 폐광촌의 모습이 남아 있다.

역 근처엔 '까치발 가옥'이라는 건물이 오랜 세월의 흔적을 안고 서 있다. 건물의 절반은 대로변 지상에 엉덩이를 붙이고 절반은 철암천 쪽으로 떠 있는데 기둥으로 건물을 지탱한 모습이 까치발을 연상시킨다. 낡고 허름한 이 집들은 오래전 광부들이 애환과 한숨으로 생활했던 삶의 현장인 듯했다. 태백시에서는 이 건물의 외형은 그대로 보존하고 내부는 박물관과 유명 작가의 설치 미술 중심의 아트하우스로 개조하기 위해 지금 한창 공사 중이다.

되돌아가는 기차 출발시간까지는 세 시간가량 남아 철암역에서 카 셰어링을 하여 태백 '바람의 언덕'으로 갔다. 그곳은 고랭지 배추가 자라고 있는 채소밭이다. 40만 평의 드넓은 배추밭은 파란 하늘을 배경으로 유유히 돌아가는 풍력발전기와 어우러져 장관이다. 비탈 전체가 초록 물결로 일렁인다. 세상이 온통 초록빛이다. 가슴이 뻥 뚫리는 시원함을 느꼈다. 어떤 꽃이 이렇게 예쁠 수 있을까! 통통하게 자라고 있는 배추는 한 떨기 꽃이었다. 수채화 같은 배추밭 풍경에 마음을 빼앗겼다. 돌밭에서 이런 튼실한 배추를 키우기까지 농부는 얼마나 많은 땀을 흘려야 했을까. 정성과 수고가 고스란히 느껴졌다.

덜커덩- 덜컹, 기차는 낭만과 추억을 싣고 천천히 다시 분천역으로 돌아왔다. 속도와의 경쟁 속에서 모두 바쁘게 사는 요즘, 느림의 미학을 생각하게 하는 힐링의 하루였다.

우리네 삶도 쉬어갈 수 있는 간이역이 있었으면 좋겠다. 빠름 빠름을 외치는 세상에서 마음의 여유를 갖고 쉬엄쉬엄 살고 싶다.

4부

사는 게 다 그런 거지

행복 찾기

창문을 활짝 열어젖혔다. 주방 쪽으로 난 창이 열리면 나의 하루가 시작된다. 초록빛 들판이 눈앞으로 다가온다. 하얗게 피어오르는 물안개 속에서 저수지가 서서히 모습을 드러낸다. 자연이 그린 그림은 신비의 극치 속에서 내 가슴을 뭉클하게 한다. 봄에 배꽃이 흐드러지게 피었던 과수원엔 가지마다 누런 봉지가 꽃처럼 매달려 있다. 녹색 융단 같은 논 사이로 구불구불 논둑길이 정겹기만 하다. 들판 너머로 아득하게 보이는 고층 아파트와 크고 작은 건물들이 푸른 들녘과 어우러져 묘한 조화를 이룬다. 이곳은 도시와 농촌이 공존하고 있다. 풀빛 세상의 유혹에 흔들려 부랴부랴 설거지도 하는 둥 마는 둥 밖으로 나왔다. 싱그러운 풀냄새가 코끝을 스친다. 길가에 서있는 하얀 미소 머금은 망초 꽃과 반갑게 인사를 나눈다.

길을 따라 걷다 보니 군데군데 세력을 확장해가는 클로버가 지천이다. 나는 그냥 지나치지 못하고 꼭꼭 숨어 있는 행운을 찾기 위해 그 자리에 쪼그려 앉았다. 그런데 남들은 잘도 찾는 네잎클로버가 내겐 도무지 눈에 띄지 않는다. 마치 소풍날 보물찾기 할 때처럼…. 친구들은 나뭇가지 위에, 덤불 속에, 그리고 돌멩이 밑에 감춰놓은 쪽지를 잘도 찾아냈다. 그날은 보물찾기 잘하는 아이가 제일 부러웠다.

클로버 무더기 속에서 삐죽이 얼굴을 내밀고 있는 하얀 꽃들을 보며 어릴 적 소꿉친구를 생각한다. 그 시절 클로버 꽃은 우정의 꽃반지가 되었고, 때론 재깍재깍 소리가 날 것 같은 손목시계도 되었다. 한 움큼의 꽃으로 목걸이를 만들어 한껏 멋을 낸 후에야 집으로 돌아가곤 했다. 그때 우리를 행복한 꽃순이로 만들어 준 건 세잎 클로버의 꽃이었다. 지천으로 널려 있어 귀한 줄 몰랐던 세잎 클로버의 꽃말은 행복이라고 한다.

얼마 전, 지인에게서 네잎클로버가 붙여진 책을 한 권 받았다. 순간 감동이 밀려왔다. 애써 찾은 행운을 남에게 기꺼이 나누어 줄 수 있는 따뜻한 마음이 고마워서였다. 나눔의 즐거움을 아는 사람이야말로 진정 행복한 사람일 것이다. 그날 나는 네잎클로버에 담긴 행운과 함께 행복의 기운을 선물받은 셈이다.

우리는 일상에서 수많은 세잎 클로버를 만나게 된다. 하지만, 그것이 행복인 줄도 모르고 살아가고 있다. 가까이 있을 때는 소중함을 알지 못하고 떠난 후에야 그때가 좋았다고 그리워한다. 지나간 것에 대한 아쉬움은 있게 마련이다. 지금 불만이 없다면 그건 행복한 거다. 방송인 김제동은

"우리는 네잎클로버를 찾기 위해 수많은 세잎 클로버를 짓밟고 있다."라고 말했다. 내 이익만을 위해 남을 속상하게 한 일은 없는지, 내가 편하기 위해 남을 불편하게 한 일은 없는지, 나만을 위한 이기심으로 다른 사람에게 상처 준 일은 없는지, 나 자신을 되돌아봐야겠다. 나는 이제야 알았다, 행복은 지평선 저 너머에 있는 것이 아니라 내 마음속에 있다는 것을….

이른 새벽, 이웃집 아기 울음소리에 단잠이 깬 것을 억울해하지 않으리라. 남보다 조금 더 일찍 하루를 시작할 수 있다는 건 얼마나 좋은가! 우리 가족이 아무 탈 없이 건강하게 지낼 수 있음에 감사하고, 아침 일찍 아파트 14층에서 물안개를 볼 수 있는 호사를 누릴 수 있음에 행복하다. 나는 오늘 세잎 클로버 속에 담긴 행복이라는 보물을 발견했다. 세잎 클로버는 바로 내 생활 속에서 찾을

수 있는 작은 행복이었다.

생각해 보니 나는 그 흔한 세잎 클로버에는 관심이 없었다. 네 잎짜리만 찾으며 요행을 바랐던 것이다. 이젠 책갈피에다 세잎 클로버도 소중히 간직하려고 한다. 길가에 무더기로 피어있는 클로버꽃만큼 주위의 모든 사람이 행복했으면 좋겠다. 따스한 햇살 아래 손을 잡고 걸어가는 노부부의 뒷모습이 행복해 보인다.

그 길

참 오랜만이다. 지척에 두고도 여기까지 오는 데 오랜 세월이 걸렸다. 한동안 잊고 살았다. 갈래머리 어린 시절 책가방을 등에 메고 무수히 오갔던 길이다.

공고 정문 앞에 작은 슈퍼가 하나 있다. 시골 마을에서나 볼 수 있을 법한 구멍가게가 당당하게 슈퍼라는 간판을 달고 손님을 맞는다. 유리창에 붙어있는 '노트, 실내화'라고 쓴 손글씨가 정겹다. 슈퍼를 지나자 학교 담 옆으로 좁은 골목길이 보인다. 살면서 문득문득 생각나던 그리운 길이다.

그대로다, 예전 그대로다! 두 사람이 걸으면 어깨가 부딪칠 것만 같은 좁디좁은 길을 걸으며 설렘과 흥분으로 가슴이 뛴다. 계단 아래 양철 대문 집이 반갑고 담 위에 처져 있는 녹슨 철조망도 신기하다. 문 앞에 쌓여있는 연탄재가 가슴을 따뜻하게 해준다. 어제 일도 깜빡깜빡하던 내가 이곳에 오니 까마득한 옛일이 선명하게 생각난다. 전봇대에 큼지막하게 쓴 '누구는 혜숙이를 좋아한대요.'라는 낙서를 발견하고 부끄러워 얼굴까지 빨개지며 속상해하던 일이 떠오른다. 어찌할 바를 모르는 나를 보고 친구들은 재미있다는 듯 깔깔대면서도 낙서를 말끔히 지워 주었다. 누가 쓴지도 모르면서 그 후로 그 애만 보면 공연히 심통이 나서 툴툴거리고 피해 다녔던 기억이 난다. 그때 말없이 웃기만 하던 그 친구는 지금 어디서 어떻게 살고 있을까?

샛길도 생겼다. 길을 따라 몇 발짝 내려가다 보니 '누수탐지 전문'이라고 인쇄된 작은 스티커가 전봇대에 다닥다닥 붙어있다. 갈라지고 깨진 시멘트 담벼락이 지나온 세월을 말해준다. 집마다 온통 양철 대문이다. 칠 벗겨진 주황색 양철 대문 벽에는 가장(家長)의 이름이 새겨진 문패 대신 새로 바뀐 도로명주소 표지판이 산뜻하게 붙어있다. 이런 동네가 아직도 남아 있다니…. 숨겨놓은 보물을 찾은 기분이다. 돌 틈 사이를 비집고 나온 노란 고들빼기 꽃과 하얀 망초꽃이 도란도란 이야기하고, 집 앞에 일렬횡대로 서 있는 화분에는 채 여물지 않은 초록빛 고추가 앙증맞게 매달려 있다. 인기척에 놀란 참새 한 마리가 푸드득 날아가 버린다. 추억에 잠겨 여기저기 기웃대며 걷다가 골목 끝에 다다랐다. 딱 거기까지였다. 길은 거기에서 끊겼다.

모퉁이를 돌면 집으로 가는 신작로가 있었다. 그 길이 사라졌다. 길옆으로 보이던 푸르고 싱그러운 들녘도, 물이 졸졸 흐르던 작은 개울도 흔적조차 없다. 길가에 주저앉아 친구와 클로버 꽃반지 만들고, 흐르는 물에 풀잎 배 띄우고 놀다 보면 시간 가는 줄도 몰랐다. 지금 그곳은 수많은 원룸이 모여 있는 낯선 곳이 되어 있다. 어디로 가야 할지 막막하다.

세상은 빠른 속도로 변하고 있다. 오래된 것은 사라지고 그 자리엔 다시 새로운 것이 채워진다. 그것을 당연하다 여기며 살았다. 하루가 다르게 변하는 세상인데 나는 왜 내가 살던 그곳은 마음만 먹으면 언제라도 갈 수 있을 거라고 생각했을까? 그동안 강산이 네 번이나 변했는데도 자신만만했다. 예상은 했지만 이렇게까지 바뀌었으리라고는 상상도 못 했다. 미로 찾기 하는 아이처럼 이 골목 저 골목을 헤매고 다닌다. 고불고불 길을 따라 걷다 보니 평소 자동차를 타고 자주 지나치던 익숙한 왕복 사 차선 도로가 나타난다. 도로 저편으로 낯익은 고층 건물들이 보인다. 터미널로 이어지는 길이다. 이렇게 변한 줄도 모르고 나는 그동안 아련한 기억 속에 살았다. 내 마음속에는 여전히 그 자리에 그대로 그 풍경이 있었다. 그리워하면서도 가까운 곳이기에 언제든지 갈 수 있다고 생각해 나중으로 미루다가 너무 많은 시간이 흘렀다. '나중에'라는 건 없다는 걸 다시 한번 절실히 실감한다.

갑자기 소나기가 내린다. 햇빛을 가리던 양산이 비를 막아주는 우산이 된다. 쏟아지는 비를 피해 남의 집 처마 밑으로 들어선다. 처마 끝에서 떨어지는 빗소리를 듣고 있으니 옛날 일들이 방울방울 떠오른다. 손을 내밀어 빗방울을 잡아본다. 그 속에 그리운 얼굴들이 있다. 잠깐의 여유가 달콤하다. 잠시 후, 언제 그랬냐는 듯 햇볕이 쨍하고 얼굴을 내민다. 비 온 뒤의 거리는 산뜻하고 청량하다. 하늘을 보니 무지개가 떴다. 이런 그림을 본 게 얼마 만이던가. 가슴이 벅차고 횡재한 기분이다. 행복은 느닷없이 온다. 길이 없어졌다고 당황하고 속상해하며 걷던 그 길에서 소나기를 만나고, 비 그친 하늘에서 무지개를 보게 될 줄 생각이나 했겠나. 인생이란 이렇듯 아무것도 예측할 수 없다.

길을 걷다가 장애물을 만나면 피해 가고, 처음 보는 풍경이 나타나면 멈춰 서서 구경하다 가던 길을 다시 간다. 길은 여기지기로 이어져 있다. 전봇대의 전선이 복잡하게 엉켜있는 듯 보이지만 각자 제 길이 있듯이 나도 내 갈 길을 가면 된다.

언젠가는 학교 옆 좁은 골목길도 도로 확장이라는 명목으로 사라지는 날이 올지 모른다. 길이 없어진다고 추억까지 없어지는 건 아니다. 이제야 찾고 보니 반쪽짜리 길이 되어 있었지만, 나의 어린 날은 온전히 그대로 남아있다. 그 길에는 친구와 웃고 떠들던 철부지 유년기의 내가 있고, 무뚝뚝하지만 속정 깊은 아버지와 이해심 많고 친구 같던 엄마가 있다. 그리고 생각만 해도 가슴이 아린 보고픈 동생이 있다. 그 길은 내게 위안이고 그리움이다.

많은 것을 품고 있는 그 길에서 수북이 쌓여있는 추억을 밟고 왔다.

텃밭을 가꾸며

가을의 들녘은 풍요롭다. 해마다 이맘때면 가을걷이로 하루해가 짧다. 텃밭에서 튼실하게 잘 자란 농작물을 보니 가슴이 뿌듯하다. 이제 갈무리할 일만 남았다. 초보 농부의 가을도 알차게 영글어 있었다.

낮에는 14층 거실 소파에 비스듬히 누워 하늘만 쳐다보고, 날이 어둑해지면 시계만 쳐다보며 남편이 오기를 기다렸다. 그렇게 3년의 세월이 흘렀다. 이제 그만 밖으로 나가고 싶었다. 흙을 밟고 만지며 아름다운 세상을 느껴보고 싶었다. 아파트에 살면서 땅 한 뼘 없던 나는 주말농장을 떠올렸다. 텃밭에 채소를 키워보고 싶다고 했다. 호미 한번 잡아 본 적 없는걸 알면서도 남편은 흔쾌히 내 말을 따라주었다. 집 근처에 마땅한 곳이 없어 자동차로 십여 분 거리에 있는 작은 텃밭을 분양받았다. 그해 겨울은 참 더디게도 갔다.

봄이 되자 남편은 서툴게 땅을 일구고 씨를 뿌렸다. 상추, 쑥갓, 깻잎 등 쌈 채소를 심었다. 흙냄새가 그렇게 좋은지 처음 알았다. 옆에 앉아 구경만 하고 있어도 기분이 좋았다. 마침내 흙을 비집고 작은 싹이 올라왔다, 신기하고 사랑스러워 눈을 뗄 수가 없었다. 생명의 경이로움을 느끼며 삶에 대한 희망도 어린 싹과 함께 자라기 시작했다. 고추, 가지, 방울토마토에도 열매가 달렸다. 식물에게도 애정과 관심이 필요하다는 걸 알았다. 하루라도 게으르면 티가 나는 것이 농사일이라고 하더니 할 일이 많았다. 물을 주고 어린잎을 솎아주는 것도 쉬운 일이 아니었다. 풀은 또 왜 그리 잘 자라는지. 텃밭을 가꾸며 농부의 마음도 헤아리게 되었다. 주중엔 직장 다니랴, 주말엔 농사지으랴, 새내기 농부의 하루는 정신없이 바빴다. 나로 인해 시작된 텃밭 농사였지만 내가 하는 일은 고작 쌈 채소를 수확하는 도우미 정도였다. 미안하기도 했지만 마냥 즐거웠다. 작물은 농부의 발자국 소리를 듣고 자란다는 말도 이해하게 되었다. 우리 손으로 정성 들여 키운 채소를 먹을 수 있다는 게 너무 좋았다. 사서 먹던 것과는 비교가 되지 않았다. 이웃과 나누는 재미도 컸다.

요즘 마트에 가면 진열대에 수입농산물이 가득하다. 이러다가 우리 농산물이 설자리를 잃을까 걱정이다. 농가는 농산물의 풍년에도 가격을 제대로 받지 못하고 판로를 확보 못해 어려움을 겪고 있다고 한다. 급기야 인건비를 감당 못해 양파를 갈아엎는 사태까지 발생하고 있다. 다행히 '로컬푸드 운동'이라는 게 확산되고 있다. 반경 50km 이내에서 생산된 믿을 수 있는 친환경 농산물을 그 지역에서 소비하자는 운동이다. 생산자와 소비자 사이의 이동거리를 단축해 식품의 신선도를 높이고, 생산자가 자기 이름을 걸고 직접 가격을 매겨 판매하는 것이다. 소비자는 식품을 믿고 값싸게 살 수 있어 좋고, 생산자는 판로 걱정을 덜게 되니 서로에게 좋은 일이다. 내가 사는 지역에도 얼마 전 로컬푸드 매장이 생겼다. 한 바퀴 돌아보니 마치 텃밭에 온 것 같다. 이거야말로 농민과 소비자가 함께 살 수 있는 길이라는 생각이 들었다. 작은 텃밭을 가꾸며 우리 농산물에 대해 많은 생각을 하게 되었다.

K-POP 열풍으로 시작된 한류 바람은 세계 각국으로 다양하게 퍼져 나가고 있다. 전통음식은 물론 우리 땅에서 생산된 농산물이 해외시장에서도 품질이나 가격 면에서 좋은 평가를 받고 있다고

하니 자부심이 생긴다.

지금 텃밭에는 올겨울 식탁을 책임질 배추가 예쁘게 자라고 있다.

예부터 김장하는 날은 동네 잔칫날이었다. 품앗이로 이웃끼리 정을 나누며 즐겁게 김치를 담갔다. 산더미처럼 쌓여있던 절여진 배추는 여러 사람이 함께 하니 순식간에 항아리 속으로 들어갔다. 웃음소리와 함께 버무려진 김치는 겨우내 김장독 안에서 맛있게 익었다.

텃밭을 가꾸며 농부의 수고로움과 정성을 이해하게 되었고, 나눔의 기쁨도 알게 되었다. 땅을 헤집고 나오는 새싹의 생명력에 감탄하며 나도 당당히 세상 밖으로 나왔다.

가을걷이 하는 들녘은 아름답다.

베란다 햇볕 좋은 곳에 호박과 가지를 널어 말리고 끝물 고추를 따서 고추 장아찌를 담갔다. 따스한 햇살이 가슴속으로 들어왔다.

때문에

평범한 일상이 사라졌다. 외출이나 모임을 자제하고 사회적 거리 두기를 당부하는 휴대폰 안전 안내 문자를 이렇게 오랫동안 받게 될 줄 몰랐다. 잠시면 끝날 줄 알았던 코로나19와의 전쟁은 아직도 현재 진행형이다. 마스크 속에서 웃음을 잃어버렸다. 밖에 나가기도 조심스럽고 집에 있어도 일이 손에 잡히지 않는다. 답답하다 투덜대며 텔레비전 리모컨을 쥐고 살았다. 무심코 채널을 돌리다 심금을 울리는 노랫소리에 마음을 빼앗겼다. '미스터 트롯'이라는 경연 프로다. 코로나에 지쳐있던 사람들은 참가자들의 열정적인 춤과 노래에 열광하며 TV 앞으로 모여들었다. 힘든 시기를 노래에서 위안을 받으며 이겨내고 있었다. 트로트라는 장르에 관심이 없던 나도 따라서 흥얼대다 점점 빠져들었다. 노래 가사가 구구절절 가슴에 와닿았다. 내 얘기였고 우리네 사는 모습이었다. 사연 없는 인생이 어디 있겠냐마는 어려움이라곤 모를 것 같은 어린 학생이나 청년들이 힘들었던 무명시절을 이야기하며 지금이 꿈만 같다고 한다. 아프신 할아버지 때문에, 고생하는 엄마 때문에, 최선을 다해 살다 보니 이런 날이 온다고…. '때문에'가 동기부여가 되어 열심히 노력한 결과였다.

나는 '때문에'라는 말을 별로 좋아하지 않았다. 무슨 일이 있을 때 본인의 의지대로 결정하고 행동해놓고, 잘못되면 남 탓으로 돌리는 변명의 수단쯤으로 생각했다. 당당하지 못하게 다른 사람 뒤에 숨어 핑계를 대는 것이라 여겼다. 그 말을 하고 나면 마음이 편치 않다는 걸 알면서도 나 역시 '때문에'를 반복하며 살았다.

대화를 할 때 '너 때문에'나 '네가 이렇게 해서'로 시작하는 너 전달법은, 상대에게 책임을 전가하거나 비판하는 것처럼 들릴 수 있어 조심해야 한다. 그러나 말하는 이의 진심이 제대로 전달된다면 듣는 사람에겐 더없이 기분 좋은 말 일 수도 있다. 긍정의 말 한마디는 누군가의 인생에 큰 전환점이 되기도 한다.

나는 '덕분에'라는 말이 좋다. 기쁜 일이 있거나 고마움을 표현할 때 '덕분에'라고 한다. 말하는 사람도, 듣는 사람도 행복해지는 말이다.

코로나19를 겪으며 많은 사람들이 '덕분에 챌린지'에 참여했다. 어려움 속에서 애쓰시는 의료진에게 존경과 감사의 마음을 담아 수화로 고마움을 전하는 캠페인이다. '덕분에'와 '때문에'는 누구라는 대상이 있다. 그 대상에게 좋은 감정을 갖고 있다면 칭찬의 말은 저절로 나오게 마련이다. 어떤 시선으로 보느냐에 따라 말의 의미도 달라질 수 있다는 걸 알았다. 부정적으로만 생각했던 '때문에'를 '덕분에'와 같이 긍정의 마음으로 바라보게 되었다.

올해는 코로나19 때문에 유독 더 많은 '때문에'가 난무했다. 일상의 자유를 잃었다고, 생계가 어려워졌다고, 마스크를 써야 하니 숨쉬기조차 힘들다고, 너도나도 불만을 터뜨리며 남 탓을 했다. 나 스스로 사회적 거리 두기를 지키고 마스크를 쓰고 조심하기보다는 그저 하나하나 트집 잡고 핑계대기 바빴다. 모든 불행은 메시지가 있다고 한다. 잃은 것도 많지만 얻은 것도 많은 시간이었다. 마트에 가서 장 보고, 지인과 차 한 잔 나누며 이야기하던 소소한 일상이 얼마나 소중한지 알게 해준 좋은 기회였다.

세상에는 나보다 남을 먼저 생각하고 실천하는 고마운 사람들이 많다. 그들 때문에 우리가 지금의 어려운 시기를 이겨내고 있는 것이다. 이 시간에도 위험을 감수하고 코로나 확산 방지를 위해 고생하고 있는 모든 이에게 감사의 말을 전하고 싶다. 그대들이 있기 때문에 세상은 따뜻하고 아직 살만하다고.

만 원

계속되는 한파에 마음마저 꽁꽁 얼어붙을 기세다. 집에만 있으려니 답답함이 스멀스멀 올라왔다. 추위를 무릅쓰고 외출을 감행했다. 벼르던 혼자만의 시장 나들이였다.

오랜만에 지하철을 탔다. 눈을 감고 있는 사람과 책을 읽는 사람 몇 명을 제외하고는 휴대폰 삼매경에 빠져있다. 모두 지미디의 모습으로 제 갈 길을 가고 있다. 어느새 목적지 송탄역에 도착했다. 나는 화장실 문을 열고 들어서다 깜짝 놀라 뒷걸음을 치고 말았다. 화장실 구석에서 담요를 몸에 두른 할머니가 바닥에 웅크리고 앉아 오고 가는 사람들을 물끄러미 바라보고 있었다. 손을 씻고 거울을 보고 옷매무시를 고치며 각자 자기 일에 바빠 아무도 할머니에게 관심조차 없는 듯했다. 나는 괜스레 겁이 나서 제대로 쳐다보지도 못하고 부랴부랴 밖으로 나왔다.

바람이 거세게 불고 있었다. 세찬 바람은 가슴 속까지 파고들었다. 목도리로 얼굴을 감싸고 옷깃을 단단히 여미고 시장으로 향했다. 날씨 탓인지 사람도 별로 없고 문 닫은 가게가 많아 을씨년스럽기까지 했다. 내가 생각했던 시장 풍경이 아니었다. 따뜻한 봄에 다시 오기로 하고 발길을 돌리려다가 그냥 가기가 서운하여 줄서서 기다려야 먹을 수 있다는 햄버거 가게를 찾았다.

그곳은 추위와 상관없는 듯했다. 스테이크 치즈버거와 콜라 한 잔을 시켜 겨우 자리에 앉았다. 햄버거는 계란후라이를 넣은 옛날에 먹던 추억의 맛이라 반가웠다. 하지만 배가 고프지도 않았는데 시킨 거라 반도 먹지 못하고 남겨야 했다. 밖으로 나오니 아까보다 더 매서운 바람이 따갑게 얼굴을 때렸다. 문득, 역 화장실에서 보았던 할머니 생각이 났다. 이 추운 겨울날, 추위를 피해 화장실 바닥에 앉아있던 할머니를 보고 안쓰럽다는 생각보다 아주 오래전, 기차역 대합실 의자에 누워 있던 허름하고 남루한 옷의 냄새 나던 노숙자를 떠올렸던 것이다. 내게 해코지를 한 것도 아니었는데 겉모습만 보고 거부감을 느껴 피해버린 것이다. 나이 들어 돈이 없고 돌아갈 집이 없다면 노숙을 할 수밖에 없지 않은가. 이 할머니도 젊었을 때는 이런 노후를 생각하지 않았을 것이다. 말로는 더불어 사는 세상에서 함께 나누며 살겠다고 하면서 남의 아픔과 어려움을 얼마나 생각해 보았는지.

갑자기 마음이 급해져 걸음이 빨라졌다. 화장실 문을 열었다. 아직도 그 자리에 그대로 추위에 지친 할머니가 초점 없는 시선으로 앉아있었다.

밖으로 나와 어묵을 파는 매점으로 향했다. 따뜻한 국물에 담긴 어묵을 할머니께 드렸다. 할머니는 퀭한 눈으로 빤히 쳐다보더니 허겁지겁 국물까지 맛있게 잡수셨다. 지갑을 열었다. 이만 오천 원이 있었다. 만 원짜리 한 장을 남기고 남은 돈을 할머니 손에 쥐여 주고 일어났다.

"고마워요!" 할머니의 기어들어가는 목소리와 지친 눈이 아프게 다가왔다.

천안행 전철이 내 앞에 멈춰 섰다. 바람을 피해 재빨리 전철에 몸을 실었다. 전철이 움직이기 시작하자 나는 곧 후회했다. 이제 다섯 정거장만 가면 두정역에 내려 집에만 가면 되는데 그 돈에서 왜 만 원짜리 한 장을 남겨 왔는지. 호기심으로 다 먹지도 못할 콜라와 햄버거는 시키면서 왜 만 원에는 그렇게 인색했는지 나 자신이 부끄러웠다. 만 원도 소중하고 큰돈이다. 하지만 그 만 원이 지금 내게 꼭 필요한 것도 아니었고 없어도 크게 불편한 것도 아니었다. 세상에는 평생 어렵게 모은 돈을 자기보다 어려운 사람을 위해 선뜻 내놓는 사람도 있다. 주위에는 봉사하며 사는 마음이 따뜻한 사람도 많다. 마음이 있다고 다 실천하는 것은 아니다.

요즘 '만 원의 행복'이란 말을 많이 한다. 만 원으로도 얼마든지 행복해질 수 있다는 말일 것이다. 필요한 곳에 꼭 써야 할 때 쓰는 돈은 뿌듯하고 기분이 좋아 행복이 배가 된다. 누군가에게 무엇을 베푼다는 것은 있는 사람이 없는 사람에게 주는 것이 아니라 갖고 있는 것을 필요한 사람과 나누는 것이다. 살다보면 생각지도 못한 일이 얼마든지 생긴다. 병원에서 내가 받은 수혈이 배고픈 사람이 빵과 우유로 바꾼 헌혈일 수도 있다. 나도 남의 도움을 받은 것이다.

추운 겨울이다. 서로에게 마음을 열어 따뜻한 온기를 나눠 가졌으면 좋겠다. 남겨온 만 원 한 장이 이렇게 마음을 불편하게 할 줄 몰랐다.

잠자리에 누워 눈을 감아도 지폐 한 장이 공중을 둥둥 날아다녔다.

덜어내기

냉동실 문을 열었다. 발 앞에 뭔가 툭 떨어졌다. 차곡차곡 쌓고도 모자라 요리조리 끼워 넣기를 하며 블록 쌓기를 했다. 눈만 흘겨도 무너질 것 같아 마음이 조마조마하다. 삶아서 저장해둔 나물과 곱게 빻은 마늘, 끓여놓은 곰국 등으로 냉동실은 지금 포화상태다. 좁은 집에 불만을 품고 여차하면 모두 뛰쳐나갈 기세다.

예전에 어른들은 곳간이 차야 든든하다고 했지만 나는 지금 냉장고가 가득 차서 마음이 답답하다. 남편과 둘이 살다 보니 소량으로 포장된 재료를 사서 음식을 해도 자투리가 남게 되고, 그것은 당연한 듯 냉장고 속으로 들어간다. 만들어 놓은 반찬은 줄지도 않는다. 형님들이 텃밭농사로 키운 농작물로 만들어 주신 밑반찬까지 더해져 냉장고는 항상 배가 부르다.

냉장고가 없을 땐 어떻게 살았을까? 그땐 먹을 것이 귀해서 두고 먹을 만큼 음식이 풍족하지 않았다. 그렇지만 어려워도 이웃 간에 정이 있어 서로 나눔에는 인색하지 않았다. 그러나 음식이 차고 넘치는 요즘은 오랫동안 보관할 수 있는 냉장고가 있기 때문인지 남과 나누어 먹겠다는 생각을 덜 하게 되는 것 같다. 또 이웃과 나누고 싶어도 상대방이 좋아할지, 부담을 주는 건 아닌지 하는 생각에 망설이게 된다.

아이가 어릴 땐, 비가 오는 날이면 아이로 인해 친해진 엄마들끼리 부침개를 부쳐 먹으며 이야기꽃을 피우곤 했다. 자식 자랑 아니면 남편 흉보는 것이 전부였지만 함께라서 즐거웠다. 하지만 지금은 이웃과 왕래도 별로 없고 엘리베이터 안에서 만나면 인사하는 정도니 호박이랑 부추, 풋고추가 냉장고 안에 있어도 함께 나눌 기회가 없다. 예전에 느꼈던 이웃 간의 정과 인심은 냉동실에서 얼어붙은 지 오래다.

칸칸이 무엇이 들어 있는지 메모를 해서 붙여 놓고, 먹은 것은 표시해가며 나름대로 정리를 하고 있다. 한데, 안쪽 깊숙이 들어 있는 건 꺼내기가 귀찮아 포기하기도 하고, 그 위로 물건이 다시 쌓이면서 누구도 뚫을 수 없는 요새가 되고 만다. 재료들은 제 소임을 다 하지 못한 채 냉장고 속에서 시간을 보내다 결국 쓰레기통에 버려지게 된다. 보물 창고가 애물 창고가 되지 않으려면 적당히 덜어내는 지혜가 필요하다.

가득 찬 냉장고를 정리하기로 했다. 쟁여둔 물건들을 덜어내다 보니 작은 공간에서 끝도 없이 쏟아져 나온다. 유통기한이 지난 어묵도 나오고 색이 변한 고깃덩이도 나온다. 꽁꽁 언 음식재료들이 숨겨둔 내 욕심과 함께 바닥에 나뒹군다. 갑자기 손님이 와도 한 상 푸짐하게 차려 낼 수 있는 재료들이 숨어 있는 줄도 모르고 매끼니 무얼 먹을까 반찬 걱정을 했다.

냉장고 속이 어느 정도 비워지자 가슴이 뻥 뚫린 듯 시원하다. 여유로워진 공간을 보니 마음이 한결 가볍다. 냉장고 속 불빛이 이렇게 밝은지 몰랐다. 환한 조명이 내 욕심 때문에 빛을 잃어가고 있었다. 켜켜이 쌓은 물건으로 인해 그동안 아무것도 보지 못하고 살았다. 장막을 걷어내자 비로소 현실에 안주하고 있는 내 모습이 보였다. 비좁은 공간 때문에 자리를 잡지 못하고 비닐봉지에 밀려났던 예쁜 용기가 이름표를 달고 다시 제자리를 찾았다. 덜어낸 음식은 가까운 이웃과 나눴다. 나눔의 기쁨을 알게 해준 날이다.

나는 요즘 '집밥 백 선생'이라는 요리 프로를 즐겨 본다.

"없으면 말구유!"라는 구수한 충청도 말투로 친근하게 다가와 어느 집에나 흔히 있을 만한 냉장고 속 재료로 음식을 만든다. 있는 재료만으로 맛깔스럽게 음식을 뚝딱 만들어 내는 걸 보고 있으면 따라 해보고 싶은 마음이 든다. 오늘 저녁 메뉴는 묵은지 김치찜으로 정했다. 냄비에 돼지고기를 넣고 그 위에 묵은지를 통째로 올렸다. 쌀뜨물에 갖은 재료를 넣고 육수를 만들어 김치가 자작하게 잠길 정도로 부었다. 양파와 대파를 썰어 얹고 고춧가루를 넣은 후 오랜 시간 끓였다. 곰삭은 묵은지에서 깊은 맛이 났다.

"맛있겠쥬?" 그날 나는 백 선생 표 음식으로 식탁을 차렸다.

냉장고 한편에서 가치를 인정받지 못하고 있던 재료를 꺼내 음식을 만들며 덜어내는 재미를 배워간다. 쟁여놓은 물건은 그저 보관일 뿐이다. 사용하지 않으면 아무리 좋은 것이라도 소용이 없다. 냉장고를 정리하면서 삶도 정리하며 살아야겠다는 생각이 들었다. 내 안에 있는 욕심도 덜어내고 집착도 덜어내야겠다. 덜어낸 그 자리엔 다시 소중한 것을 담을 공간이 생기리라.

추억의 텃밭

구불구불한 길을 한참을 걸었다. 걷다가 지친 내가 안 가겠다고 떼를 쓰자 어머니는 보따리를 한 손에 옮겨 쥐고 어린 나를 업었다. 그제야 아름다운 고향의 정경이 눈앞에 펼쳐졌다.

지금은 그 때의 어머니보다 훨씬 나이가 많은 아낙이 되었건만, 고향을 생각하면 지금도 난 여섯 살 갈래머리 계집아이가 되고 만다. 산이 병풍처럼 둘러싸인 충청도 산골마을, 산비탈 굽이돌아 고향 가는 완행버스는 먼지 폴폴 날리며 촌사람의 인정도 대워가며 쉬엄쉬엄 달렸다. 할머니 댁에 가려면 버스에서 내려서도 냇가를 따라 한참을 걸어야 했다. 그때는 그 길이 왜 그리 멀던지…. 다 큰 딸을 업었다 내려놓았다 하면서 달래가며 가야 했던 어머니는 나보다 몇 배는 더 멀게 느꼈으리라.

손주들 온다는 소식에 등이 굽고 머리가 하얀 구십이 다 된 할머니는 아침부터 문밖에 나와 기다리고 계셨다. 그래서 더더욱 따뜻했던 고향, 오늘은 보퉁이에 담아 꽁꽁 간직했던 유년의 이야기를 풀어보려 한다.

할머니 댁 앞마당엔 두레박이 달랑 매달려 있는 우물이 있었다. 두레박에 물이 담겨 찰랑찰랑 올라오는 것이 재미있어 자꾸 줄을 당겼다. 위험하다고 우물 근처에는 가지도 못하게 했지만, 어린 우리가 그 재미있는 놀이를 어찌 멈출 수 있단 말인가. 두레박으로 퍼 올린 물은 이가 시리도록 차가웠다.

마당가에는 감나무가 여러 그루 있었다. 할머니는 우리에게 감 따는 방법을 알려 주셨다. 기다란 장대 꼭대기에 매단 잠자리 채 모양의 주머니 속에 감을 넣고 살짝 비틀면 '톡'하고 망 속에 감이 떨어졌다. 나는 신이 나서 환호성을 질렀다. 하지만 오빠는 잘 안 된다며 감나무에 올라가서 가지를 흔들어 댔다. 후드득 소리를 내며 감이 마구 떨어졌다. 깨진 것이 더 많았고 더러는 멀리 돌담 밖으로 데굴데굴 굴러가기도 했다. 그 광경이 재미있어 깔깔대며 웃었고, 할머니는 나무에 올라간 오빠에게 위험하다고 내려오라며 노심초사하셨다. 감나무 꼭대기에 남겨둔 몇 개의 빠알간 감, 그것은 까치밥이라고 했다. 옛 어른들의 배려 깊은 마음 씀씀이에 고향은 오늘도 현대인의 지친 마음을 위로하는 안식처로 존재한다.

주렁주렁 매달린 감을 따는 재미는 어린 시절의 가을을 풍요롭게 해주었다. 제일 크고 잘 익은 감을 골라 치마에 쓱 문질러서 먹어보라 주시던 할머니의 주름진 손, 그 손이 그립다. 이제 할머니는 돌아가셨지만 그래도 여전히 고향을 지키고 계시다. 추억의 그 감나무와 함께….

텃밭엔 배추와 무가 김장 준비를 위해 쑥쑥 자라고, 따가운 햇볕 아래서 고추는 빨갛게 익어갔다. 둑 아래엔 아기 머리보다도 더 큰 누런 호박이 누워 있고, 처마 끝엔 삐뚤빼뚤 빚은 메주가 대롱대롱 매달려 있던 정겨운 고향! 속이 훤히 보이는 개울가에서 고무신 벗어 송사리 잡는 재미에 날이 어두워지는 줄도 몰랐다. '옛날 옛날에'로 시작되는 할머니의 이야기는 무쇠 화로 속의 감자와 함께 맛있게 익어갔다. 한밤중에 마당 구석에 있던 재래식 화장실에 가야 할 때면 금방이라도 누군가 뒤에서 옷자락을 잡아당길 것만 같아 머리카락이 곤두섰다. 그때마다 밤길 지킴이 노릇을 자처했던 오빠의 짓궂은 장난에 '걸음아 날 살려라'하며 신발도 벗지 못한 채 방으로 뛰어들었고, 할머니는 빙그레 웃으시며 오빠를 나무라셨다.

풍요로운 추억의 텃밭이 있는 사람은 행복한 사람이다. 똑같은 일상의 반복에 지쳐 있던 내게, 어린 시절의 고향 생각은 모처럼 만의 휴식이었다. 마음의 여유를 갖고 싶다. 엘리베이터 문이 닫히기를 느긋하게 기다리지 못하고 몇 번씩 버튼을 누르고, 자판기에서 커피를 뽑을 때 컵에 물 떨어지는 잠깐의 시간을 참지 못하고 투입구를 열고 닫고를 반복하는 조급함도 이젠 버려야겠다. 할머니댁 가던 완행버스를 타고 느릿느릿 추억 여행을 하고 싶어지는 날이다.

장터 풍경

열대야 때문에 잠 못 이루던 어느 날, 더위도 식힐 겸 인근 대형마트에 갔다. 늦은 시각인데도 쇼핑 나온 사람들로 북적였다. 낮과 밤이 바뀐 것이 아닐까 착각이 들 정도였다. 매장에는 제철이 아니면 구경할 수도 없던 과일들이 먹음직스럽게 진열되어 있고, 한눈에도 싱싱해 보이는 야채와 생선들이 가득 펼쳐져 있다. 또 다른 코너에는 나날이 편리해지는 가전제품과 갖가지 기능의 다양한 주방용품이 저마다 자태를 뽐내며 주인을 기다리고 있다. 여기저기 힘들여 발품 팔지 않아도 필요한 것을 한곳에서 구입할 수 있고, 인터넷을 통해 편하게 물건을 살 수 있는 세상이 되었지만, 왠지 허전한 마음이 드는 건 사람과 사람 사이의 정이 없어서가 아닐까.

문득 옛날 시골장터의 모습이 아련하게 떠올랐다. 나는 결혼 전 읍내에 있는 직장에 다녔다. 그곳에서 남편을 만나 결혼하게 되었고 시장 근처에 보금자리를 마련했다. 평소에 한적하던 공터는 오일장이 서는 날에는 북적이는 인파로 들썩였다. 아침부터 장을 여는 사람들로 분주했고 활기가 넘쳤다. 시장 가득 먹거리와 볼거리가 풍성해 마음마저 풍요로웠다. 장터 입구엔 집에서 직접 재배한 호박과 가지, 풋고추 등을 함지박에 담아온 아낙네들이 두런두런 정담을 나누며 앉아 있고, 알록달록한 몸뻬 바지를 팔던 아저씨는 구수한 입담으로 지나가는 사람들의 걸음을 멈추게 했다. 하얀 고무신을 만지작거리던 할머니는 흥정이 잘 되었는지 치마 속 고쟁이에서 주머닛돈을 꺼내며 웃는다. 얼기설기 만든 좌판 위에 빗자루를 올려놓고 인자한 웃음으로 사람들을 반기던 할아버지는 지금의 로봇 청소기를 상상이나 했을까?

지금도 웃음이 절로 나오는 기억이 있다. "생각날 때 생강 사요!"라고 외치며 시장 곳곳을 누비던 생강 장수 아저씨. 얼마나 재미있고 기발한 아이디어인가. 아저씨에게 덤으로 받은 생강 한 뿌리는 장터에서 얻는 또 하나의 추억거리였다. 시장 모퉁이 뻥튀기 아저씨의 주위엔 동네 꼬마들이 초롱초롱한 눈을 반짝이며 옹

기종기 모여 앉아 있고, 오랜 기다린 끝에 드디어 "뻥 이오!" 소리와 함께 하얀 튀밥들이 터져 나오면 귀를 막고 있던 아이들은 너도나도 우르르 몰려들었다. 한주먹씩 튀밥을 받아든 아이들은 모두 해맑게 웃으며 즐거워했다. 변변한 먹을거리가 별로 없던 시절 강냉이는 근사한 간식거리였다. 하지만 요즘 아이들은 이름도 알 수 없는 첨가물 범벅의 달착지근한 과자에 입맛이 길들여져 아예 입에 대지도 않는다. 먹을 것이 귀했던 시절 최고의 군것질거리 강냉이가 지금은 어른들의 다이어트용으로나 인기가 있으니….

허름한 천막 아래 순대 국밥집은 오랜만에 만나는 이웃들의 만남의 장소였다. 아들내미 학비 마련하느라 울며 겨자 먹기로 싸게 판 송아지 생각에 속이 상한 김 씨는 막걸리 한 사발로 아쉬움을 달래고, 따끈한 순대 국밥 한 그릇 시켜놓고 이야기꽃을 피우던 죽마고우들의 떠들썩한 웃음소리는 장터에서나 볼 수 있던 정겨운 풍경이었다. 그곳엔 우리네 삶이 있고 정이 있었다.

없는 것 빼고 다 있던 시골 오일장, 사람 냄새나는 구수한 그런 장터의 모습이 나는 좋다. 모든 것이 서툴고 어렵기만 했던 새댁 시절 장터 구경은 후덥지근한 날 시원하게 쏟아지는 한줄기 소나기 같은 것이었다. 에누리 없고 덤 하나 안 주는 삭막한 대형마트보다는 그래도 아직은 인심과 정이 남아 있는 푸근한 시골 장이 나는 좋다. 상품의 유통기한 하나 확인하는 데도 이제는 돋보기를 써야 하는 중년의 아줌마는 풋풋했던 신혼 시절의 추억과 함께 옛 장터가 그리워진다. 그 옛날 장터에서 만났던 사람들은 지금 어떻게 살고 있을까. 돌아오는 성환장엔 옛 추억을 떠올리며 장 구경이나 가야겠다. 운이 좋아 반가운 얼굴 한둘쯤 만날 수 있기를 기대하면서….

봄을 놓치다

봄은 소리 소문도 없이 슬며시 내 곁에 와 있었다. 아파트 놀이터 나뭇가지에서 낭창낭창 그네를 타고 있는 벚꽃송이가 이제야 눈에 들어왔다. 아침 일찍 허둥대며 집을 나서고 어두워진 뒤에야 부랴부랴 집에 들어오다 보니 봄의 기척을 알아채지 못했다.

코로나19 바이러스가 세상을 강타했다. 노심 한복판이니 한적한 시골마을 어디든 가리지 않고 순식간에 여기저기로 퍼져 나갔다. 연일 방송에서는 빠르게 확산되는 전염병 소식을 전하며 경각심을 일깨우고 주의를 당부했다. 인공지능이 보편화되고 로봇이 모든 걸 대신하는 최첨단 시대지만 전염병 앞에서는 속수무책이었다. 어느 누구도 안심할 수 없었다. 밖에 나가기도 겁이 났다.

모든 것이 일시정지되었다. 급기야 어린이집도 휴원에 들어갔다. 맞벌이하는 아들 내외를 대신해 나와 남편은 할마할빠 손자 돌보미로 긴급 투입됐다. 요즘 들어 부쩍 말수가 많아진 네 살배기 아이는 쉴 새 없이 조잘댔다. 뭐 그리 궁금한 게 많은지 묻고 또 물었다. 하고 싶은 것도 많고, 가고 싶은 곳도 많았다. 한시도 가만히 있지 않는 남자아이와 온종일 집에만 있기란 쉬운 일이 아니었다. 시도 때도 없이 밖에 나가자고 졸라댔다. 외출 자제는 전염병에서 자신과 상대방을 지키기 위한 배려와 존중이다. 잘못인 줄 알면서도 사람이 드문 곳을 찾아 아이와 살짝살짝 드라이브 외출로 일탈을 했다. 마음은 편치 않았고 모든 것이 조심스러웠다. 마트 가서 장 보고 지인과 차 한 잔 나누며 이야기하던 평범한 일상이 이렇게 소중한지 몰랐다. 잠시면 끝날 줄 알았던 코로나19와의 전쟁은 아직도 끝이 보이지 않는다. 어린이집은 휴원 연장을 했고, 상황이 나아지지 않자 추가 연장을 했다. 두 달 가까이 아들네로 왔다 갔다 하는 생활이 이어졌다. 체력 짱인 손자와 지내는 시간이 길어지면서, 체력 꽝인 할머니는 입술에 물집을 달고 살았다. 하지만 즐거움도 컸다. 생각지도 못한 어른스러운 말투에 웃음이 터지고, 블록 장난감을 사달라며 애교 부리고 재롱떠는 모습에 안 넘어갈 재간이 없었다. 시간이 어떻게 가는지 몰랐다. 힘은 들지만 행복했다. 아이 없이 그 시간을 보냈다면 얼마나 답답하고 지루했을까 하는 생각도 들었다.

코로나19를 겪으며 세계적으로 우리나라의 위상도 많이 달라졌다. 위기에서 기회를 얻은 대한민국은 방역, 의료의 표본이 되었다. 그것은 감염의 위험을 무릅쓰고 환자들의 생명을 위해, 최일선에서 고군분투하는 의료진과 방역을 위해 애쓰는 분들의 숭고한 희생이 있었기에 가능한 일이었다. 그리고 위험 속에서도 의연하게 총선을 치른 우리 국민의 저력에 전 세계의 찬사가 쏟아졌다. 대한민국 국민이란 게 자랑스럽고 가슴이 벅찼다.

요즘 길을 지나는 사람들은 예외 없이 마스크를 쓰고 있다. 전염병에서 서로를 지키기 위함이다. 마스크는 이제 외출 필수품이 되었다. 손자 녀석이 내 손을 잡아끌며 말했다.

"할무니, 마스크 써야 되지?" 밖에 나가자는 얘기다. 철없는 어린아이도 그렇게 규칙을 배워가며 어려운 시기를 함께 사고 있다.

모임이나 외출을 자제하고 '사회적 거리두기'를 실천하면서 같이 극복해 나간다면 머지않아 모든 것이 제자리를 찾게 될 것이다. 하루빨리 평범한 일상으로 돌아가고 싶다.

코로나19 난리 속에서도 어김없이 꽃은 피었다. 가는 봄이 못내 아쉬워 청양 장곡사 벚꽃길로 드라이브스루 꽃 여행을 떠났다. 꽃

터널을 지나며 아이는 "이뻐, 벚꽃 이뻐!" 하며 마냥 신이 났다. 차 안에서 즐기는 꽃구경도 좋은가 보다. 굽이굽이 펼쳐지는 눈부신 풍경에 마음이 설렜다. 관객 없는 무대에서 꽃들은 그들만의 축제를 즐기고 있었다.

이제 코로나19는 지고 벚꽃은 다시 필 것이다. 이번 봄은 놓쳤지만 다가올 봄은 진한 꽃향기 속에서 잡고 싶다.

꽃잎이 바람에 흩날린다. 하얀 봄날이 가고 있다.

나에게 문학은

문학이란 보고 느낀 감정을 문자로 표현하는 예술이다. 살면서 겪는 소소한 일상이나 이웃의 이야기는 좋은 글감이 된다. 문학을 하면 세상을 보는 시야가 넓어지고 긍정적인 인생관을 갖게 된다. 글을 쓰다 보면 지난날을 되돌아보게 되어 현재의 내가 어떻게 살고 있는지 깨닫게 된다. 더 나은 미래를 위해 나 자신을 반성하고 깨우쳐 가는 과정이라 생각한다.

문학을 하려면 많이 읽고 많이 써야 한다. 다양한 경험은 글을 쓰는 데 도움이 된다. 하지만 내가 해보지 못한 것이라도 책을 통해 간접 경험을 하게 되면 상상력이 풍부해지고 사물을 바라보는 시각이 달라진다. 나만의 문제인 줄 알고 고민했던 것이 우리 모두의 일이라는 걸 알게 되면 마음에 위안이 되고, 이겨 나가는 법을 배우게 되어 길을 찾는 데 도움이 된다.

사람들이 자신의 이야기를 하면서 "내 얘기를 책으로 쓰면 몇 권은 될 거야"라고 말하는 걸 종종 듣는다. 그것은 우리의 삶, 그 자체가 하나의 문학이기 때문이다.

생각해 보면, 나에게 문학의 꿈은 단발머리 여중 시절부터였던 것 같다. 작문 선생님은 매주 글짓기 숙제를 내주셨는데, 숙제 검사를 한 번도 거르신 적이 없었다. 어느 정도의 분량만 써오면 도장을 찍어주셨는데, 검사가 끝나면 어김없이 나에게 친구들 앞에서 내가 쓴 글을 읽어보라 하셨다. 그 때문에 숙제를 안 할 수도 없었고 대충 하기도 어려웠다. 가끔 '차라리 꾸중을 듣고 이번엔 숙제하지 말까?'하는 유혹도 있었지만, 용기가 없어 그러지도 못했다. 그때는 그게 부담이 되고 너무 싫었는데 발표를 하고 나서 선생님께서 칭찬을 해주시면 기분이 좋아졌다. 교외 백일장에 학교 대표로 참가하기도 했고, 학교 행사 때, 내 글이 액자에 담겨 전시되어 있는 것을 보고 속으로 우쭐했던 기억도 있다. 이제 와 생각해 보니 그때 그 글쓰기가 자양분이 되어 지금의 내가 있지 않나 생각한다.

오래전 일이다. TV를 보는데 화면 하단에 천안삼거리 백일장을 개최한다는 자막이 반복해서 지나갔다. 웬일인지 가슴이 두근거렸다. 일기조차 쓰지 않던 내가 그때 무슨 용기였는지 백일장에 참가해 보고 싶다는 생각이 들었다. 떨어지려니 생각하고 아무에게도 얘기하지 않고 살짝 다녀오려고 했는데 생각지도 못한 상을 받았다. 학창 시절 문학소녀인 양, 감성에 젖어 끼적거리던 그때를 제외하곤 글을 써본 적이 없었다. 삼십 대의 끄트머리에서 무모한 도전은 상패와 한 아름의 선물을 내게 안겨주었다. 얼른 집에 가서 남편과 아들에게 자랑하고 싶었다. 큰일을 해낸 것 같이 뿌듯했다. 자부심과 성취감도 느꼈다. 하지만 딱 거기까지였다. 그리고 한동안 한 아이의 엄마로, 주부로, 직장인으로 바쁘게 살았다. 그러던 어느 날 문득, 나 자신을 찾고 싶다는 생각이 들었다.

오십의 문턱에서 수필이라는 문학을 만났다. 설레는 마음으로 수필 교실의 문을 두드렸다. 그곳에서 좋은 분들과 공부하며 가슴이 뜨거워짐을 느꼈다. 매일이 행복했다. 그런데 그것도 잠시, 생각지도 못한 병마가 찾아왔다. 3년이라는 세월을 집과 병원만 오갔다. 힘든 시간이었지만 가족과 지인들의 응원과 격려가 있었기에 이겨낼 수 있었다. 건강도 어느 정도 회복 되었다. 세상 밖으로 나가고 싶었다. 그립던 수필과 재회하던 날, 나는 다시 태어났다. 그리고 민촌 백일장에서 장원의 기쁨을 맛보며 문인협회 가족이 되었고, 수필과 비평에서 신인상으로 등단을 했다.

글을 쓰고 싶었다. 마음속에 있는 것을 맘껏 풀어내고 싶었다. 하지만 글을 써야겠다는 마음뿐, 머릿속에선 수많은 단어가 아우성치는데 아직도 꺼내놓지 못하고 있다. 책을 많이 읽지도 못했다. 그리고 쓰지도 못했다. 그렇지만 문학은 이제 내 삶 깊숙이 들어와 있다. 꽃 한 송이에도 가슴이 설레고, 떨어지는 낙엽을 보며 행복할 수 있는 감성이 아직 남아 있는 건 문학을 하기 때문인 것 같다. 나에게 문학은 위안이고 선물이며 삶의 이정표다. 문학은 쉼표 같은 존재다. 인생길 가면서 드문드문 쉼표도 찍어가며 오래오래 같이 가고 싶다.

두 번째 걸음마

저녁을 먹은 후 남편과 산책을 나갔다. 늦은 시간인데도 축구를 하고, 배드민턴을 치고, 조깅을 하는 사람들로 천호지는 활력이 넘쳤다.

병마와의 싸움을 끝내기로 했다. 이제 툭툭 털고 일어서려고 한다. 조금씩이라도 천천히 같이 걸어보자는 남편의 말에 공기 좋은 곳을 찾다가 천안 단국대 캠퍼스 앞에 있는 천호지가 생각났다. 천안 토박이인 나는 그때까지 천호지가 이렇게 아름다운 공원으로 바뀐 줄도 모르고 있었다. 예전엔 이곳을 '안서리 저수지'라고 불렀다. 방죽에 앉아 낚시하는 사람들이 많았다. 낚시광이었던 아버지를 따라 저수지에 간 적이 있다. 기다림의 미학을 배운 곳이기도 하다. 해마다 겨울이면 얼음이 꽁꽁 언 저수지에서 스케이트 대회가 열렸다. 그날은 많은 사람들이 둑 위에서 목이 터져라 응원을 했다. 해가 질 무렵까지 했던 큰 대회였던 걸로 기억한다. 스케이트가 귀했던 시절에 얼음판에서 썰매를 타고 놀던 우리에겐 스케이트 대회는 큰 볼거리였다.

학창 시절 우리가 자주 갔던 소풍 장소도 이곳 저수지였다. 매번 같은 곳이라고 불평도 많았지만 소풍하면 떠오르는 장소이기도 하다. 어린 시절 추억이 가득한 이곳을 한동안 잊고 살았다. 오랜 시간이 지나고 다시 찾은 안서리 저수지는 '천호지'라는 이름으로 천안 시민의 힐링 장소가 되어 있었다.

봄이면 호수 앞 단국대 캠퍼스엔 하얀 벚꽃이 만발하여 장관을 이룬다. 봄 하면 떠오르는 수많은 노래 중에서 록 밴드, 버스커버스커가 부른 '벚꽃엔딩'은 매년 벚꽃이 필 때마다 귀에 익도록 들리는 노래라 모르는 사람이 거의 없을 정도다. 젊은 친구들의 만남에 사랑의 연결고리가 되어주는 장소로 주목받던 이곳에서 탄생한 노래로 유명하다. 노래 '꽃송이가'에 나오는 "단대 호수 걷자고 꼬셔"라는 가사도 이곳에서 만들어졌다니 더 친근하게 다가온다.

물 위에는 연꽃과 꽃창포가 떠있고, 그 옆에서 한가롭게 놀고 있는 오리 떼의 모습이 마치 한 폭의 그림 같다. 밤이 되면 호수에

비친 주변 건물의 불빛과 어우러진 야경이 탄성을 자아내게 한다. 근처의 카페 불빛도 한몫을 하고 있다. 가히 '천안 12경'에 꼽힐만한 명소이다.

다정한 연인들의 데이트 코스로, 휴일엔 가족들의 나들이 장소로, 사시사철 사람들의 발길이 끊이지 않고 있다. 새벽부터 늦은 밤까지 운동하는 사람들로 붐비고 있는 천호지는 산책하기 딱 좋은 장소였다.

'그래, 이곳에서 걸음마부터 시작하자'

남편 손을 잡고 쉬엄쉬엄 운동코스를 걸었다. 걷다가 다리가 떨리고 후들거리면 벤치에 앉아 쉬었다. 걷고 쉬기를 반복하며 그날 나는 천호지에서 두 번째 걸음마를 시작했다. 몸은 무거웠지만 기분은 날아갈 것 같았다.

2.3km 구간의 러닝 코스는 내게 건강을 찾게 해준 고마운 길이다. 연인과 함께 다리를 건너면 뜻하는 소망이 이루어지고 천수를 누린다는 글귀가 쓰인 천수교 다리를 남편과 걸으며 하늘 아래 편안한 도시 천안에서 건강하게 오래오래 살고 싶다는 생각을 했다.

넓은 호수를 품은 숲에 들어온 듯한 느낌이다. 힘들고 지친 이에게 모든 걸 내주는 호수 공원이 근처에 있어 참 좋다.

첫돌 무렵 엄마 앞에서 발짝을 떼던 첫 걸음마가 있었다면, 오십이 넘은 나이에 남편 손을 잡고 비틀거리며 천호지에서 두 번째 걸음마를 시작했다. 이제 당당히 세상 밖으로 나왔고 다시 태어났다. 살아있음에 감사하다. 들에 핀 꽃 한 송이도, 하늘에 떠 있는 태양도, 길가에 구르는 돌멩이 하나도 감사한 마음이 든다.

지금 나는 한발 앞서 걷고 있다. 뒤에 오는 남편을 돌아보며 장난스레 말했다. "빨리 좀 걸어요, 빨리!"

남편은 웃으며 내 머리를 콩 쥐어박았다.

선우혜숙 수필집
쉼표 하나

인쇄 2022년 11월 5일
발행 2022년 11월 10일

지은이 선우혜숙
발행인 서정환
펴낸곳 수필과비평사
주소 서울시 종로구 삼일대로 32길 36(운현신화타워 빌딩) 305호
전화 (02) 3675-3885 (063) 275-4000
팩스 (063) 274-3131
이메일 essay321@hanmail.net
출판등록 제300-2013-133호
인쇄 · 제본 신아출판사

ISBN 979-11-5933-435-1 (03810)
값 13,000원

Printed in KOREA

※ 본 사업은 2022년도 천안문화재단 CHEONAN FOUNDATION for ARTS and CULTURE 문화예술지원금을 지원받은 사업입니다.